世界因我更美好
北京中学创校行知录

施剑松 著

Better Me Better World

科学出版社
北　京

图书在版编目（CIP）数据

世界因我更美好：北京中学创校行知录/施剑松著. —北京：科学出版社，2019.01
ISBN 978-7-03-060105-6

I. ①世… II. ①施… III. ①北京中学-校史 IV. ①G639.281

中国版本图书馆 CIP 数据核字（2018）第 280302 号

责任编辑：侯俊琳 张 莉/责任校对：郑金红
责任印制：张克忠/封面设计：有道文化
编辑部电话：010-64035853
E-mail: houjunlin@mail.sciencep.com

科学出版社 出版
北京东黄城根北街 16 号
邮政编码：100717
http://www.sciencep.com

三河市荣展印务有限公司 印刷
科学出版社发行 各地新华书店经销

*

2019 年 1 月第 一 版 开本：720×1000 1/16
2019 年 1 月第一次印刷 印张：12 1/2
字数：150 000
定价：58.00 元
（如有印装质量问题，我社负责调换）

序
守候历史的瞬间

  一群来自五湖四海的中国教师要在首都北京建设一所世界一流的学校。这场富有雄心的远征值得被记录，无论成功与否。

  时间的烟尘掩埋了太多的故事。回溯中国教育史，孔孟周游列国，秦皇焚书坑儒，汉帝罢黜百家，隋帝大兴科举……那些终将在千百年后影响千万人的教育瞬间，留在史书上的记录寥寥。

  当笔墨被电火取代，图画被影像取代，记录已成为现代人生活中的不可或缺，可历史却仍像个神秘的女子，蒙着重重的面纱。太多无意识的记录，掩盖了那些真正有意义的瞬间。

  正在眼前发生的场景终将在若干年后成为历史，就是这个感觉让作者走进了这个故事。信史需要可靠的记录，本书尝试了"非虚构写作"这种已经在欧美主流媒介盛行了半个世纪的报道形式。为此，作者深入学校，历时半年，查阅了大量原始文件，采访了数十位师生。全书每一句对话都有出处，每一个事实都可以验证，真实的人物、真实的场景、真实的对话。

  非虚构写作的魅力不仅在于真实。不同的作者，视角不同，文字特质各异，故事在记录者的远望凝视与深思熟虑之间常常能焕发出文学作品般的魅力，阅读非虚构故事也因此常常能让读者

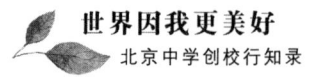

获得超越阅读经典新闻的情感体验。

事实上,每一个身处这个故事之中的北京中学教师都明白,最好的学校不是一个可以达到的目标,最好的学校注定只是一个需要无限探索的方向。北京中学的故事从一开始就具备了"夸父逐日"般的理想光芒。在他们的内心深处,每个人都明白,他们永远没有"成功"的那一天。

无论如何,这个时代的中国教师正在思考,什么是他们能够给予孩子们的最好的教育。

这是一个事实。

作 者

2018 年 10 月 10 日

目 录
CONTENTS

序　守候历史的瞬间 / i

楔子 / 001

创校
　　——北京为什么没有北京中学？/ 003

办一所世界级中学
　　——一座世界城市需要一所什么样的中学？/ 017

世界因我更美好
　　——一所中学的初心是什么？/ 029

学习面向未来
　　——未来的世界需要今天怎样的学习？/ 042

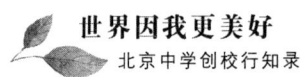
世界因我更美好
北京中学创校行知录

全面而自由的成长
　　——什么样的课程体系能让学生的成长全面而自由？/ 058

百年学校
　　——一所学校该以什么样的姿态走向百年？/ 069

师心
　　——教师面对学生的时候心里在想什么？/ 089

琢磨
　　——教师的业精进是什么样的？/ 115

成长
　　——什么时候孩子就学到了？/ 143

放手
　　——家长们的焦虑如何面对？/ 177

后记　找寻微光 / 189

◎ 契子

邓珩是第一个哭的，紧接着是刘乃忠，后来除了夏青峰和王彪，大部分人都流下了激动的泪水。

2013年9月2日上午，一所名叫北京中学的学校在一个小时前，在朝阳区社会各界和媒体的见证下宣告成立。校委会的9个人，聚集在教学楼二楼右手边的会议室里召开了学校成立后的第一次校委会。

为了迎接这一天，在过去的6个月里，所有与北京中学有关的人都像上了强力发条的陀螺，不停地旋转。设计校园、装修教室、招聘教师、打磨课程、招生……成立一所新学校通常需要两年时间才能完成的大大小小的事情，在倒计时表上标红色的最后一刻到来前，总算全部完成了。

会议室里没有欢呼，聚在一起的9个人看着彼此的眼睛，都能感觉到彼此的心情很不平静，屋子里安静得仿佛飘在水上的一片沉默里，最初筹建学校时就在的邓珩第一个忍不住流下了眼泪，他看见坐在斜对面的刘乃忠的眼睛很快也红了，大滴的眼泪从大大的眼睛里流了出来。后来，几乎所有人都哭了。

"那是幸福的眼泪"，5年后，邓珩回忆那天的情景，眼睛望着远处，仿佛依然能看到当时的场景，"那种感觉就好像妈妈第一次

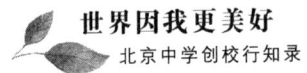

世界因我更美好
北京中学创校行知录

看见新生的孩子。"

这一天坐在会议室里的 9 个人谁都没有想到自己的人生会与这样一所学校发生关系。那个早晨，夏青峰出门的时候拿着北京市朝阳区第二实验小学未来三年的整体改革方案，到了晚上，他的脑子就被一所可能叫北京中学的全新学校占得满满的；那个周末，邓珩刚刚把首都师范大学附属实验学校新学年的教学计划布置下去，一个电话过来，他已经是北京中学筹建处的第一批成员了。

还有更多的人没有预料到自己的人生轨迹会被一所横空出世的学校改变。在这之前，他们中有人曾在一天烦累后隐隐感觉到内心的不适，有人曾预感到某种未知的变化在召唤，还有人已经背起行囊四处寻找……直到这所从无到有的全新学校真的与自己有关，他们才感觉到，这或许就是自己一直在找寻的那个答案。

不过，他们很快又发现这个答案带来了更多的未知。他们依然不知道面前的这条路究竟通向何方。因为，身边每一天发生的事情都让他们愈加确信，他们要去的前方，注定将是那没有人去过的地方。

创　　校
——北京为什么没有北京中学？

"北京有北京大学，有北京小学，就是没有北京中学。"2010年的一天，京城教育界的几位老人偶遇闲谈，北京教育学会会长罗洁谈起了一个有意思的话题。这一年，距离"京师大学堂"改称"北京大学校"98年，距离毛主席亲笔书写"北京小学"校名也已经57年。

打开全国教育地图，各地叫北京中学的学校并不少，甚至远在雪域高原的拉萨也有两所以"北京"命名的学校。然而，在北京教育史上，却只有位于地安门大街于1940年改名的"河北省立北京市高级中学"与"北京中学"这个名字名称较为接近。从1952年起，北京的中学通行的命名方式就是以数字序号命名，比如北京市第四中学、北京市第八中学。

这个有意思的话题，很快就引起了北京市朝阳区的注意，有心人立刻意识到去掉了序号"北京中学"这个名字里蕴含的分量。

在北京城六区中，朝阳区的面积最大、经济规模最大、教育需求也最大。时任朝阳区教育委员会主任孙其军说："朝阳区的教育资源与北京市对朝阳区国际中心和文化中心的定位不相适应，如果能在朝阳区举办'北京中学'，必然对朝阳区新增优质教育资

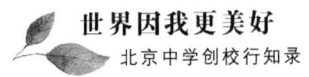
世界因我更美好
北京中学创校行知录

源，对整个北京基础教育布局均衡都有显而易见的价值。"

这个有意思的话题迅速在朝阳区变成了一个有意义的项目。朝阳区委、区政府直接统筹，区教育委员会迅速组建了北京中学筹建处，抽调了一批骨干力量，专门负责新学校的立项申请和设计规划。

在中国任何一个城市，新建一所以城市命名的学校都要经过严格的审批程序，在北京这个中国的首都城市更是如此，所有与这所学校有关的规划，不但需要通过区级行政部门的审核批复，还需要得到北京市委、市政府的批准。

邓珩受命负责市、区两级所有关于北京中学申办材料的整理和归档，他也是最清楚"北京中学"这四个字的分量的人之一。"所有申办往返材料用 A4 纸打印出来，超过 100 斤！"其间，为了获得市委、市政府的支持，朝阳区前后两任区委书记甚至专门去市里拍了胸脯。

在北京 16 个区中，朝阳区以实干著称。在由时任区长程连元牵头组成的工作组协调推动下，筹建北京中学这个项目以令人惊叹的速度往前推进。2010 年 12 月 16 日，时任北京市教育委员会主任刘利民正式签发《北京市教育委员会关于朝阳区拟成立北京中学的意见》，文件中有这样一段话："近年来，朝阳区经济建设快速发展，人民群众对优质教育资源的需求更加迫切。但由于历史原因，朝阳区优质教育资源相对缺乏。考虑到朝阳区政府具有举办优质教育资源的能力及条件，经研究，我委原则同意朝阳区使用'北京中学'名称建设一所优质学校。"

一个半月后，也即 2011 年 1 月 31 日，朝阳区政府正式批复同意创建北京中学。王彪、文娟、唐明英、邓珩、巴志东、范红、王征和周慧，被朝阳区教育委员会确定为北京中学立项后筹建处的第一批成员，8个人来自8个不同的单位，由王彪牵头。2012年2月，北京中学筹建处升级为北京中学筹建办公室，王彪任筹建办公室主任。2013年2月，北京市教育委员会批准北京中学正式开始进行小规模实验办学，夏青峰、任炜东和刘乃忠被朝阳区教育委员会选调进入北京中学，夏青峰担任校长，王彪担任书记，任炜东和刘乃忠为副校长，加上先后到来的文娟、邓珩、汤颃、陈连林、张东松、王保伟、孙建国作为中层干部。至此，北京中学创校的管理团队基本成形。

此时，距离朝阳区教育委员会预定的北京中学开学时间只剩下6个月，而学校除了位于朝阳区西坝河的一处亟待重新装修的旧校址外，几乎什么还看不见。这意味着，创校团队需要在6个月时间里完成建设一所全新学校的所有工作，而这所学校的名字叫作北京中学。

一、6个月

时间是勒在每一个与北京中学有关的人头上的一道紧箍咒。一度，没有一支施工队愿意接手这项要求这么高、工期还这么紧的工程。朝阳区教育工作委员会书记周炜数次亲临现场协调督促，等到区政府出面协调央企中关村建设进场施工后，负责校园硬件建设的总务主任张东松每天从早到晚穿梭在校园各个施工现场，所有午饭和大部分晚饭都在校门口的那家只有7张桌子的羊汤馆解决。最后一个月，他恨不得把床支在工地上。6个月的工期，张

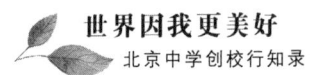
世界因我更美好
北京中学创校行知录

东松足足瘦了 10 斤。

为了到教育委员会送一份急件，邓珩开车从学校出发去教育委员会，原本 25 分钟的车程，竟然只用了 12 分钟，这个纪录他后来再也没有打破过。

"早上八点前到位，夜里十一点以后才有可能回家，不管在哪儿，每个人随身都带着电脑，随时准备处理问题。"已经担任学校党总支书记的任炜东回忆，那段时间，"没有一天节假日，只要有时间睡觉，大家就心满意足了。"

受命筹建北京中学，夏青峰第一次向朝阳区教育委员会提交的办学设想是要创建一所"世界级的中国中学"。可不知从什么时候起，北京中学筹建办公室的几乎所有成员都下意识地认为，创建北京中学就是要在首都北京创建一所世界上最好的学校。

这个目标像烧在心底的一团火，烤得每个人喉咙发干、头脑发烫。北京中学应该怎么办，这门课应该怎么教，一个活动应该怎么设计……只要两个人聚在一起，很自然地就会谈起来，"怎么谈都谈不腻"。

张东松永远记得属于那 6 个月的一幅画面。在朝阳区教研中心临时借用的办公室里，门敞开着，桌上堆放着外卖员送来的盒饭和大家讨论的各种方案，一个教研组的老师围坐在桌子边边吃边谈，兴致正高。他抬手看了眼手表，时间已经过了晚上十点。

还在北京中学筹建处的时候，大量调研工作已经展开。筹建团队搜集了他们所能搜集到的所有国内外中学名校的资料，由朝阳区教育委员会出面协调，筹建团队还专门走访了上海中学、中国人民大学附属中学、北京市第八中学、北京市第四中学以及英国伊顿公学、哈罗公学等著名学校。

然而，他们很快就真切地感觉到，看别人的答案容易，做自己的题难。6个月的时间，要拉起一支属于北京中学的教师队伍，要招收北京中学的第一批学生，还要告诉全北京，这是一所值得叫"北京中学"的全新学校，所有共识，哪怕是在楼梯拐角处要不要放一只易碎的花瓶，都需要在讨论甚至争论中，一点一点成形。

二、北京中学招什么样的教师？

10年前，房树洪就是副校级干部了。在到北京中学应聘前，房树洪的心愿是当好一名班主任。他所在的学校也是一所知名的优质校，他是这所学校里最受学生喜爱的教师之一。

"那时候我常常感觉到压抑，因为我看到我的学生们不快乐。"房树洪说，"作为一名教师，职业本能告诉我，能做些什么，可以让孩子们学习的过程、成长的过程顺畅一些，快乐一些，可在现实面前，我又常常感觉什么都做不了。"这种状况一直持续到一个教研员朋友对他说："你适合北京中学。"

那个下午，面试房树洪的是夏青峰、刘乃忠和任炜东，三个人看起来都很亲切，面试的问题更是问到了他的心窝里。"你理想的学校应该是什么样的？""如果不给你任何限制，你对语文教学有什么设想？""如果让你设计一个图书馆，你有什么想法？"

5年后，房树洪已经记不起来当时他滔滔不绝地说了那么多话，只记得在他开车回家的路上，任炜东的电话就来了，只有四个字"你就来吧"。

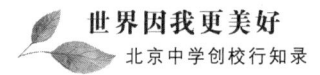

身高接近一米九的沈夏炳是从河南到北京的历史特级教师。2012年7月，朝阳区教师双选会现场设在朝阳区教育委员会对面的尚工国际酒店，有20多所学校和当年应聘的30位特级教师双向选择，北京中学由王彪带队招聘。沈夏炳就是在那里第一次听说朝阳区要建一所北京中学的。

虽然学校还没有创建，但北京中学在教师双选会现场的展位却很"豪华"，北京中学筹建办公室还专门在酒店租了一个房间，欢迎应聘的特级教师入室座谈。

经过教育委员会的笔试、面试，很多学校已经圈定了意中人。"王彪主任直接找的我。"沈夏炳说。在沈夏炳的记忆里，那天王彪讲了北京中学的来历，讲了朝阳区办好这所学校的决心。

虽然已经手握两所学校抛出的橄榄枝，但沈夏炳还是做出了加盟北京中学的决定。这个决定的背后源于多年工作经验形成的洞察力："就像我原先在的河南省开封高级中学一样，以城市命名的学校往往就是一所名校。"他说，"我从来没有参与过创建一所名校，还是感觉这个事情有挑战，有意思。"

从广东省来的王守英也是由王彪招聘来的。那天，王守英一家三口第一次开车到北京中学应聘，自称标准"路痴"的王守英，听着王彪在电话里"这儿右拐那儿左拐"的指示，非常顺利地就在一排羊汤馆和小卖部的中间，找到了被几段围墙围着的民族职业中等学校。这一路顺畅的感觉后来一直被她看作是一个顺利起点的好兆头。

后来大家知道，为了到北京中学，王守英放弃了在原来学校中评定更高职称的机会，选择在一个还没有学生的校园里，重新打磨钻研了十几年的语文教学。

挂牌开学前，北京中学筹建办公室也招收了第一批高校毕业生。从北京师范大学毕业的林琳就是其中之一。

头半年校园里没有学生，教研组研发和打磨课程就由引进的特级教师和新聘教师轮流充当教师和学生，那段经历至今被林琳视为职业生涯早期最宝贵的财富。"你刚工作就能听到特级教师的课，你上的课有特级教师听。"林琳说，"更特别的是，包括特级教师们在内，每个人都觉得自己只是一个新人，都在从头思考一门学科或者具体的一节课。"

5年后，林琳已经成长为北京中学课程中心的副主任，独立负责全校一级的课改项目。"如果要说北京中学的教研氛围与别的学校有什么不同，那可能就是一种创业的氛围吧！从筹备期那时候起，大家讨论教学方法和理念就没有你的或者我的，只有要迅速学习好的或者要迅速改掉不好的。"

三、如何让家长信任一所看不见的学校？

预定于2013年9月2日开学的北京中学西坝河校区定位于小规模实验性办学。创校之初，北京中学就承接了北京市级创新人才贯通培养教改实验课题。这项改革的初衷是打破当前基础教育阶段学生培养受"小升初""初升高"学段限制的局面，探索更加符合学生成长规律的育人模式和学校管理模式。

如何让家长信任一所看不见的学校？这是摆在创校团队面前又一个棘手的问题。整个招生季，由夏青峰、王彪带队，像推销员一样走进一所又一所小学。在每所学校，夏青峰都要做两个小

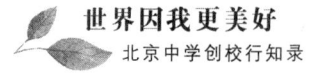

时左右的报告,然后再和有意向的家长和学生逐个面谈。

这所学校什么样?这所学校的学生成绩好不好?这所学校能对孩子将来的出路有什么承诺?家长们普遍关心的问题,夏青峰统统回答不上来,但几乎所有听过他讲座的家长都记住了他在做报告时流露出的真诚。在每一所学校,他都会跟家长说明,北京中学从哪儿来,北京中学想到哪儿去,为了这些目标,北京中学已经做了什么,将来还会做什么。

有家长相信现实,转身离去;也有家长相信梦想,把孩子留了下来。招生季结束前,80名学生总算如数招满了。

只不过,见过夏青峰却没见过学校,家长们报名后,心终究还是放不下。几位家长找到夏青峰,不约而同地问起一个问题:"夏校长,你不会走吧?""我才刚来呢!"夏青峰总是笑着回答。

从那时起,5年来,每一个在北京中学工作的教师都听夏青峰讲过这段招生经历。"家长们相信一所看不见的学校,把孩子交给了我们,北京中学的每名教师在面对每一个学生的时候都要想一想,这份信任该怎么面对?"

选择相信夏青峰的家长都将见证:5年后,在区教育委员会副主任和北京中学校长两份职务无法兼顾的时候,夏青峰义无反顾地辞去了区教育委员会副主任的职务。"请组织再给我一些时间,让我把这些孩子们带出来。"

四、开学典礼

2013年9月2日,是北京中学挂牌开学的日子。那天的天气

创　校
——北京为什么没有北京中学？

跟北京所有的9月天一样，人在太阳底下还能感觉到夏天的热辣，到了教学楼的阴影里或者大树的荫凉下面，却又能让人清晰地感觉到秋天的一丝凉意。当天在场的老师都记得，这个曾经压得每个人几乎喘不过气来的日子里发生了很多难忘的事情。政治特级教师范小江对自己年过不惑还在这一天走正步感到很神奇；历史特级教师沈夏炳现在还记得当时校旗在手上的分量，并对最后拍照时偏偏被一角校旗遮住了脸而耿耿于怀；房树洪亲眼见证身前半米处北京中学的校牌揭幕；王守英则一直惦记着那天所有老师和孩子一起写下的给20年后的学校和自己的信……

对这一所将以"北京"二字命名的学校，北京市、朝阳区两级党政领导，代表这座城市，对这一历史时刻展现出了足够的重视。北京市委常委、市委教育工作委员会书记苟仲文代表市委、市政府到场，北京市教育委员会、朝阳区委、区政府、区人大和区政协的领导悉数到场，嘉宾中还有北京大学和北京小学的代表。

从人群中彼此眼神的默契、握手的力度和会意的笑容里，能够清晰地解读出当天到场的所有人都曾经为这一天的到来添砖加瓦过。然而，当这一天终于到来，他们都安静地坐到了台下。从开学典礼开场的第一刻起，80名学生的家长惊喜地发现，这所学校的舞台，主角是孩子们。

开学典礼是在新生们的入场式中开始的。北京中学首届80名新生，或五人一组，或六人一组，穿着崭新的校服，手牵手地走到铺着红地毯的舞台中央亮相，微笑着向台下的嘉宾鞠躬致谢。

北京中学具有历史意义的第一次升旗仪式是由学生们完成的。学校的三面红旗——四名国旗班战士护卫的国旗、四名女教师护卫的队旗以及四名特级教师护卫的校旗，都在舞台的正中央

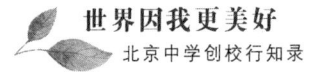

郑重地交到学生们的手中，再由学生旗手伴着庄严的国歌亲手升起。

北京中学的校牌也是由北京中学首届学生代表黄为与北京大学学生代表王博、北京小学学生代表陈嘉怡共同揭幕的。大屏幕上实时直播学生亲手在校门口悬挂校牌画面的时候，主持人宣布，"北京中学"校牌的四个字正是由学校首届学生黄为所写，听到此，坐在台下的家长和嘉宾禁不住发出了一阵惊叹。

"这是一所把学生放在舞台正中央的学校。"夏青峰说，"开学第一天，这是北京中学想要传递给全世界的信息。"

40分钟的开学典礼，大人们的发言只有3次，时长总计10分钟。朝阳区时任区长吴桂英宣读《朝阳区关于同意举办北京中学的批复》，北京市委常委、市委教育工作委员会书记苟仲文代表北京市委、市政府致辞，夏青峰第一次以北京中学创校校长的身份致辞。

北京市委常委、市委教育工作委员会书记苟仲文在北京中学第一届开学典礼上的致辞

各位来宾、老师们、同学们：

大家上午好！

秋高气爽、丹桂飘香时节，我们欢聚一堂，共同见证北京中学的第一个开学典礼，这是个历史性时刻，是个值得庆贺和纪念的日子。在此，我代表北京市委、市政府对北京中学的顺利开学表示热烈的祝贺！

作为首都，我们正在深入实施"人文北京、科技北京、绿色

北京"战略，围绕着"北京精神"，全面深化改革开放，按照国家实现现代化建设战略目标的总体部署，到2050年左右，要建设成为经济、社会、生态全面协调可持续发展的城市，进入世界城市行列。北京的教育也是其中重要方面。随着经济社会的快速发展，人民群众对教育质量的需求越来越高，我们正以改革创新的精神推进教育发展，瞄准世界先进水平，加快现代化公共教育服务体系建设，推进教育的优质化、均衡化和多样化，努力争取到2020年实现教育现代化，建成公平、优质、创新、开放的首都教育。

近些年来，首都教育实现了历史性跨越，教育体系更加完善，人才培养模式持续创新，教育公平惠及人民，教育改革逐步深化，教育质量稳步提高。朝阳区紧抓北京教育发展的良好契机，用超前的眼光和改革的魄力，着眼全局、突出基础，采用多种方式提升教育内涵和质量。在推进教育公平、合作办学、促进城乡教育一体化方面做了实实在在的努力，教育出现了强劲发展势头，得到了社会广泛认可。在此基础上，北京市批准朝阳区来举办北京中学，这顺应了北京教育面向世界和未来的需求，顺应了朝阳教育深入改革和质量提升的需要，北京中学的诞生，可以说适逢其时。

在此，衷心希望北京中学立足于世界城市的发展，能够成为基础教育改革的基地、创新人才培养的摇篮、中外基础教育交流合作的窗口；希望北京市教委多给予办学的指导；希望朝阳区多给予政策的支持；更希望北京中学能够立足于自身的发展，敢于探索，勇于实践，走出属于自己的特色教育之路，不辜负各方面的期望。

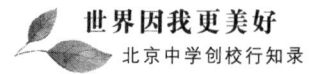

值此开学之际,祝愿同学们学习进步,健康快乐!

再次对北京中学的开学表示祝贺!

祝愿北京中学扬帆启航,明天会更好!

谢谢!

北京中学校长夏青峰在北京中学第一届开学典礼上的讲话

亲爱的老师、同学们:

大家好!这是一个激动人心的历史时刻、一个永远会镌刻在我们记忆深处的珍贵瞬间。北京中学,这个新生的婴儿,将会从此发出它独特而美妙的声音。此时的我们,既有对新生命的礼赞,更有对新生命的敬畏。我们无比荣耀,又倍感压力。我们一定会肩负起这份深切的期望与沉甸甸的责任。

我们恰逢日新月异的时代,置身改革开放的大潮中,我们的呼吸与首都的发展、国家的昌盛以及世界的风云际会,攸关相连。与首都同名的北京中学今天在朝阳这块沃土上应运而生,我们向伟大的时代致敬。

在这个孕育梦想、充满创造的年代里,北京中学注定要走一条实验与探索的教育之路。为着教育的理想,我们将积极探寻教育的规律,努力去建设一所面向未来的理想学校。

我们将坚定地追求,北京中学要成为师生们的精神家园。在这里,大家相互尊重,彼此信任,氛围宽松和谐,心灵舒展自由,人人都能幸福快乐地成长,人人都能享受那激情而又美好的岁月。

创 校
——北京为什么没有北京中学？

我们将致力于改革，努力构建全面育人的课程体系，让孩子们在全面而有个性发展的基础上，形成良好的责任意识、创新精神与实践能力。不断地激发孩子们的好奇心、想象力与求知欲，不断地创设出"海阔凭鱼跃，天高任鸟飞"的广阔而自由的发展时空。

我们将积极地拓展，形成一个丰富开放多元的资源平台。立足首都，放眼世界，吸纳古今中外那熠熠闪光的教育思想，吸聚九州四海各类优秀的教育人才，积极与世界名校牵手合作。让优秀的资源在我们这个教育改革的实验田里，融合而成新的教育成果，汇集为生生不息的教育创新河流，滋养着北京中学以及朝阳区、北京市乃至全国教育领域正在创新的人们。

站在历史的枝头，和时代相呼应。我们秉承"和而不同，乐在其中"的教育理念，怀揣"世界因我更美好"的梦想，今天，我们出发了。"乘风破浪会有时，直挂云帆济沧海"。北京中学人，一定会凭着自己的勇气、智慧与执着，实现各自的人生理想，并共同为这个世界奉献出一片美丽的绿色。

衷心感谢苟仲文常委今天亲临典礼现场，给我们以关心和鼓励。衷心感谢北京市、朝阳区各位领导的热情关注与大力支持，衷心感谢各位来宾、家长、媒体朋友及社会各界人士对我们北京中学的鼎力相助，我们全体师生将永怀感恩之心，全力以赴地学习与工作，用我们最好的成长来回报你们的厚爱，用我们最好的成果来回报这个伟大的社会！

谢谢大家！

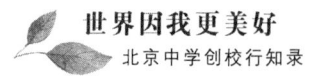
世界因我更美好
北京中学创校行知录

启程当有壮行诗！在中国历史上的万千诗篇中，北京中学为这一天的孩子们选择了清末文豪梁启超的《少年中国说》：

故今日之责任，不在他人，而全在我少年。少年智则国智，少年富则国富；少年强则国强，少年独立则国独立；少年自由则国自由，少年进步则国进步；少年胜于欧洲则国胜于欧洲，少年雄于地球则国雄于地球。

红日初升，其道大光。河出伏流，一泻汪洋。潜龙腾渊，鳞爪飞扬。乳虎啸谷，百兽震惶。鹰隼试翼，风尘吸张。奇花初胎，矞矞皇皇。干将发硎，有作其芒。天戴其苍，地履其黄。纵有千古，横有八荒。前途似海，来日方长。美哉我少年中国，与天不老！壮哉我中国少年，与国无疆！

礼乐渐渐平息，人群陆续散去。北京中学首届师生拍下了学校历史上第一张开学集体照。不知是有意还是无意，教师和学生穿插站着，站得很随意。在这幅不整齐却看上去异常和谐的照片上，夏青峰站在人群右上角的最边上。

后来每一年，北京中学参加开学典礼的人数不断增加，开学典礼的照片也变得越来越长，但教师与学生这样的站法却一直保留了下来。

办一所世界级中学

——一座世界城市需要一所什么样的中学？

个人的命运会怎样和时代联系在一起？坐在朝阳区教育委员会走廊里看着人来人往的那个早晨，夏青峰没有想过。从江苏省一所万人规模的大校到北京已经3年，2013年1月29日，他手里拿的是朝阳区第二实验小学未来3年的整体改革方案。

"电话打到学校找我的时候，他们说，'不用找了，他就在门外'。"回忆起当时的情景，夏青峰的眼睛在笑。

5分钟后，夏青峰从朝阳区教育委员会主任孙其军的口中得知，组织决定，将由他担任北京中学小规模实验办学的校长。一起宣布组织任命的还有书记王虓和副校长任炜东、刘乃忠。

那一天，朝阳区教育委员会的议事主题就是北京中学。上午谈话结束，孙其军、肖汶、张朝晖等领导马上就召开专题会议研究北京中学办学事宜，会议一直开到晚上近七点。孙其军主任说："今天就是北京中学日。"

"交接工作，尽快拿出办好北京中学的初步设想。"晚上七点多走出教育委员会大门的时候，夏青峰的脑子已经被"北京中学"四个字占满了。

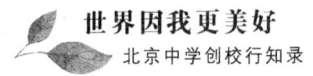

世界因我更美好
北京中学创校行知录

一、仰望苍穹

1989 年，夏青峰从中等师范学校毕业，被分配到安徽省巢湖市庐江县泥河镇胜岗中心小学，一待就是 4 年。

夏青峰的父亲是民办教师，母亲务农。他出生的村庄非常偏僻，"那时，汽车、拖拉机开进来都很困难，骑自行车还要有一定水平。"通常，人们外出要乘船。"在我记忆深处，经常是半夜三更起来乘船的情景。从我们家到县城，行船一般要 3 个小时以上。人们为了早一点到城里办事，一般都会在半夜三点钟起床。在读小学和初中的时候，我经常上县城，不是去玩，而是去卖芦席。我们家乡有个黄陂湖，里面全种了芦苇。"

胜岗中心小学有五个年级，每个年级有两个班，每班三十人左右。"都是民办教师，师范生只有几个人。印象最深的是，下雨时，就拿脸盆在室内接漏雨。窗户没有玻璃，天冷时，就用塑料薄膜封上。"

18 岁的记忆里，"和孩子们在一起，觉得挺开心的。只是傍晚孩子们都回去了，觉得挺失落的。"学校前有一个乱坟岗，夏青峰经常在那里转悠，吟咏曹操"对酒当歌，人生几何"之类的诗句。

夏青峰结婚早，收入低，家里穷，为了补贴家用，他在宿舍里养过蘑菇，还骑车沿路卖过冰棍。他也参加过教学比赛，把借来的一本《中国小学数学教育》都抄了下来。他还买了参考书，准备报考财经专业研究生。

"那时傻傻的，没有悟到教育和教学，也不知道怎么教，怎么想就怎么教。但不甘心，不安分，要改变，是当时心里最真实、最强烈的声音。"

1993年暑假，他又一次外出打工。在邻省江苏繁华的苏州的一处拆迁工地上，顶着烈日卖力，拉板车。

遇到几天阴雨工地停工，夏青峰决定去看一位同学。那个同学在江阴华士镇工作，号称"天下第一村"的华西村就在华士镇。

当晚他住在同学的集体宿舍里。可半夜，由于被人告发，他被保安拽出了宿舍，只得在街上游荡。

清晨，天大亮的时候，他走到了华士中心小学门口。"当时，觉得这所小学太漂亮了。"他透过校门往里张望的样子，引起了路过的一位中年女教师的注意，"你找谁？"

夏青峰转身，准备离开。可刹那间，"我找你们校长"这句话仿佛没有经过大脑，直接从心里冒出了口。

"没想到，这一回转，根本性地改变了我的一生。"夏青峰走进校长办公室的时候，吴辰校长正手抓油饼往嘴里塞。"你找我有事？"夏青峰老实交代，他也是一所学校的教师，看到学校漂亮，就想进来看看。校长请他坐下，两个人聊了起来。突然，校长问他："你想来我们学校工作吗？"

晚上，夏青峰回到苏州的拆迁工地。"听着工友在一起玩扑克牌的喧闹声，自己的心情怎么也平静不下来，干脆在一个露天的青石板上躺下，仰望苍穹。"

9月，夏青峰就提着行李到华士中心小学报到了。在这里，他接触到了教学能力更强的同事，也终于有了可以查阅专业期刊的阅览室。

"那时的我，除了和学生在一起，就是和杂志在一起。以至于老师们随便问我，什么杂志上发表了谁的文章，谈了什么观点，

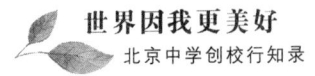
世界因我更美好
北京中学创校行知录

我都能答得出来。"

渐渐地，夏青峰对教学有了自己的想法。他加入了镇上的数学中心教研组，一边尝试把平时的教学观察写成论文，一边苦练教学基本功。他曾对着空无一人的课桌讲课，对着家里空空的墙壁讲课，反复琢磨学生脑子里可能出现的问题。

不久，夏青峰成了学校实验班的老师。到华士中心小学的第三年，他入选了"无锡市百名师德高尚好园丁"，而且作为优秀代表，参加了先进事迹巡回演讲。在演讲中，他说："我从1989年中师毕业到今天，经历了一个彷徨、超越、奋斗的过程。"

渐渐地，他的课获得了更多同行的好评，他先后获得江阴市、无锡市和江苏省教学比赛第一名。1997年，他获得了全国教学比赛第一名。

1998年，华士实验学校成为华东师范大学教育科学与技术学院实验学校，夏青峰成为华士实验学校的副校长，并被评为无锡市首批学科带头人和江阴市人大代表。这是他到华士的第五年，27岁。

2005年，夏青峰被评为江苏省数学特级教师。2006年，夏青峰成为华士实验学校校长，学校此时已经发展为具有幼儿园、小学、初中、高中十五年一贯制的规模超万人的省级示范学校。2007年，华士实验教育集团成立，夏青峰任董事长、校长。2010年5月，夏青峰拒绝了苏州市、南京市多所学校的邀约，作为特殊人才，被北京市朝阳区教育委员会引进到北京工作。这一年，他39岁。

在北京市芳草地国际学校担任了两个月副校长后，夏青峰被组织任命，担任北京市管庄中心小学校长。

"刚到管庄中心小学的时候，学校正在做抗震加固，整个校园

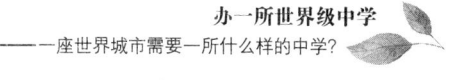

几乎是一片工地,十几个行政人员挤在一间小办公室里,走出校门就是小商小贩、小饭馆。"新学校的环境不免让人失望,他在博客里记下了这些不完美。2010年9月1日23点刚过,夏青峰把新写的日记传上了博客。

今天9月1日,开学了。

一切选择、徘徊、彷徨,都应该尘埃落定了。我需要在管庄中心小学这个地方,探索我心中那教育之梦。

人生真的很奇怪。很多时候,你根本无法预料到将来会发生什么,将来会在哪里……

收拾好纷乱复杂的心情,夏青峰每天在新学校里上班下班,却一直没有发布"新政",以至于新同事们都很好奇:"怎么,这个新来的校长,什么都不干吗?"

一个月后,夏青峰召开了第一次全校教职工大会。半个小时的讲话,只谈学校发展的方向和工作重点,每一句话都简短、有力、直抵要害。台下的老师们一个劲地鼓掌,"全场能有十多次"。当他从讲台上下来的时候,老师们的心已经跟这个新校长在一起了。

两年后,夏青峰再次接到组织任命,调任北京中学校长。在宣布调离的那天,会场的很多老师都哭了起来。彼时,地处朝阳区城乡接合部的管庄中心小学已经更名为朝阳区第二实验小学,学校升级为区教育委员会直属小学。校园内外环境焕然一新,老师们的状态也越来越好。

临走的时候,夏青峰没有哭。"与师生一起享受学校,应该是一名校长的职业追求。"在江阴时,他就立下了这样的教育信念。从此,山一程,水一程,乐在其中。

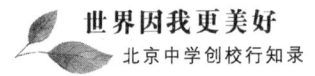

世界因我更美好
北京中学创校行知录

二、以"北京"命名一所中学

自公元 14 世纪以来,北京这座中国北方大城一直是中华文明的重心所在。翻开历史,在这座城市,用"北京"命名一所学校似乎总是发生在中国历史的节点。

这座城市第一所以"北京"二字命名的学校是北京大学,这是近代中国创立的第一所大学。1898 年,光绪皇帝批准了由梁启超代为起草的《奏拟京师大学堂章程》,北京大学的前身京师大学堂由此成立。一代渴望变法图强的仁人志士力推百日维新,京师大学堂被视为"尤应首先举办"。

第二所以"北京"二字命名的学校是北京小学。这所学校的前身是中国共产党进入北平后创办的北京市委干部子弟寄宿学校。1949 年 6 月学校成立时,一个崭新的国家正在这座城市孕育。4 个月后,一代伟人毛泽东将在天安门城楼庄严宣告,中国人民从此站起来了。

北京中学筹建办公室正式成立是在 2012 年。再一次创建一所以"北京"二字命名的学校,恰逢中国历史的一个全新的节点。

回首 2012 年,这一年中国最大的历史事件是中国共产党在北京召开的第十八次全国代表大会。在这次大会上,中国共产党总结了过去十年的建设经验,并选举产生了以习近平为核心的新一届党和国家领导人。13 亿中国人将见证,短短 5 年之后,习近平新时代中国特色社会主义思想已响彻全国。

新时代,是中国梦的时代,中国人充满对美好生活的向往;新时代,是实现中华民族伟大复兴的时代,中国人从未如此自信地走向世界。不必忧虑民族是否仍能在列强环伺间生存，无须列举前人无法想象的天文数字，越来越多的中国人第一次感觉到，属于这代人的光荣与梦想已触及豁然开朗的全新时空。"新时代"，正是北京中学孕育而生的时代。

三、办一所世界级中学

接到任务两天后，夏青峰向区教育委员会提交了第一份北京中学办学设想。"办一所世界级中学"就是这份设想的标题。

在夏青峰看来，所谓世界级中学，一是办学理念凸显中国文化，又符合教育规律，为世界所广泛认同；二是所构建的中学课程体系被国内外高校承认，尤其是能得到清华大学、北京大学、哈佛大学、牛津大学等世界名校承认，课程体系能被国内外其他学校所学习与应用；三是培养出来的人才是世界著名高校所欢迎的，并具备成为国际一流人才和中华栋梁的深厚潜力。

夏青峰一共列举了5条北京中学应举办为一所世界级中学的理由，其中有一条最简单也最有力："北京在创建世界级城市。北京中学应该有这个气魄成为世界级中学。"

在筹建团队讨论会上，夏青峰建议将学校的核心使命确定为"中国基础教育改革的先锋，世界创新人才成长的摇篮"。

"我们要走前人没有走过的路"，进入筹建办公室后，第一次在大家面前发言，夏青峰的声音不大，夹杂着南方口音的普通话在新同事们听来语调也有些低，但他说的话瞬间点燃了大家血液里的激情，"我们不仅仅是为了办一所北京中学，我们是要实现自

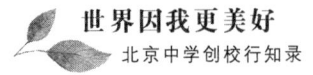

己的教育理想，探索人类的教育理想。通过北京中学的创办、改革与创新，将来助推中国的教育改革，引领中国的教育改革。"

"北京中学就应该是中国基础教育改革的先锋。突破口在哪里？在中国社会发展最迫切需要的、中国教育改革最困难的地方——创新人才的培养。我们北京中学就要像一把尖刀，在创新教育方面撬开一个出口，探索出一条路子，引领中国教育的前行。"

2018年6月，成立不满5年的北京中学顺利获得国际学校联盟（Council of International Schools）的认证。这份认证宣告北京中学拿到了世界高质量学校联盟的入场券，北京中学的课程得到世界名校的承认，北京中学的学生获得了置身于世界一流教育大交融的机会。

再回首，创校之初，北京中学第一批创业者在那两间临时借来的会议室里热血畅想和激情碰撞，5年来的风雨兼程，恍如隔世，冷暖自知。

"一所新生的学校定下要办一所世界级中学的目标，"夏青峰说，"新时代给了我们勇气，新时代也给了北京中学无限可能。"

四、基地　摇篮　窗口

"国际化、现代化、高品质、国内一流、世界知名"，这是朝阳区委、区政府对北京中学办学定位的期待。

一座世界级城市创办的一所世界级中学应当是国际化和现代化的。高品质是对这所学校办学质量的要求，"归根结底，人民群众需要的是教育质量"。国内一流和世界知名是对学校社会声誉的要求。"

很多学校都提出过类似的办学定位,"国际化、现代化、高品质、国内一流、世界知名"这 5 点没有一个只属于北京中学。2013 年,北京中学筹建办公室专题讨论学校办学定位的时候,所有人都觉得兴建一所以"北京"命名的全新学校,理应找到与众不同的定位,找到一个更容易记住的符合新时代特色的定位。

"办一所世界级中学"就是在这场讨论中提出来的,但这句话仍然没有点出北京中学在全国基础教育改革大潮中的定位和价值。北京并非没有国内一流世界知名的学校。中国人民大学附属中学、北京市第四中学、北京市第八中学、北京十一学校……在不同历史时期,这些学校都因突出的办学成绩享有盛誉。如果仅仅为了办一所国内一流世界知名的学校,没有必要办一所全新学校,更没有理由以"北京"二字命名。

"北京中学应该是为中国基础教育改革而生的,她是承担着中国创新人才培养任务的,她是北京这座世界城市向世界展示中国教育理想的。"在那两间临时借来的办公室里,手边的咖啡一杯接着一杯,面前的字句划掉一行再写一行,大家围着桌子一遍又一遍地讨论,北京中学因何而生,渐渐呼之欲出。

最终,北京市委常委、教育工作委员会书记苟仲文在北京中学的开学典礼上,用 3 个比喻生动又准确地道出了北京中学的办学定位,希望北京中学立足于世界城市的发展,能够成为"基础教育改革的基地、创新人才培养的摇篮、中外基础教育交流合作的窗口"。

"北京中学应是为教育改革而生的,她将关注中国基础教育发展亟待解决的突出问题;北京中学是为中国培养创新人才而生的,

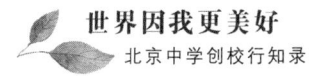

在中国教育迫切需要突破的方向上，她不能缺席；北京中学是面向世界的，她所推行的教育将放眼世界，她所培养的学生所面对的将是世界人才市场。"

5年后，从年轻教师林琳口中听到这番话，依然让人热血沸腾。

五、实验校

连邓珩都不清楚究竟是几易其稿后，北京中学小规模实验办学方案才于2013年2月19日得到了北京市教育委员会的同意批复。

熟悉北京基础教育的人会知道，北京市内各个中学承接的国家及省市一级的各类教育改革项目很多，其中实施时间长且具有全国影响力的有两个典型。一个典型是早期人才选拔培养研究项目，以北京市第八中学为代表，著名的八中少年班就是这项实验的标志；另一个典型是拔尖创新人才培养研究项目，最有影响的承接学校是中国人民大学附属中学，近年来，中国人民大学附属中学在各项国际奥林匹克学科竞赛中摘金夺银的选手大多来自这个实验项目。

北京中学的教改实验从哪里入手？这是筹备期创校团队讨论最多的关键问题之一。

"以北京的名义新建一所全新的中学绝不仅是为了教好一所学校的学生，我们期待在这所学校推行一些全新的探索，有关我们的教育供给能不能更好地满足更多人民群众需求的探索。"北京市教育委员会基础教育处时任处长李奕如此说。

客观而言，无论是少年班还是学科竞赛选手，实验项目的基本逻辑都是将具有潜质的学生提前选拔出来，并给予优先培养。这种以加速为特征的精英人才培养，回应了国家改革开放前期全社会呼唤快出人才的呼声。

改革开放四十年，中国的国内生产总值已经稳稳居于世界第二位。当前，全社会对教育的需求已经从"人人能上学"转变为"人人上好学"，再强调面向少数人的那种集中力量办大事的教育探索显然已经不够了。

"教育的供给侧改革如何破题？如何向更广大的学生提供符合他们成长规律的教育？如何依据学生成长规律构建一整套适合的学校办学模式和育人模式？这是北京市教育委员会审核北京中学小规模实验办学方案的主要考虑。"李奕说。

拜访国内外众多教育名家，在北京市、朝阳区两级教育部门广泛征集意见，又经过校内多次讨论后，北京中学创校团队将教改实验的突破口选在了人才衔接培养和创新型人才培养。

在中国基础教育现行体制下，义务教育阶段小学和初中的入学原则是免试就近。高中招生通过中考，按考生报考志愿和中考分数录取。在实际运行中，学生想进入心仪的初中或者高中，都需要经过一段相当长时间的准备。"小升初"和"初升高"是各地备受家长和学生关注的热点问题。

北京中学副校长刘乃忠说："如果打破这种为升学而学习的限制，学生至少能节省出一年的复习时间来发展个人的综合能力，学校也可以在一段连续的时间里系统设计学生培养的方案。"

在北京中学的小规模实验办学方案中，创校团队正式提交的办学目标是：在创新型人才的培养模式上取得突破性的进展，构建科学有效的创新型人才培养课程体系，促进学生个性全面和谐

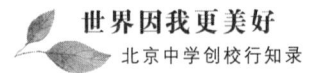

地发展，并形成良好的爱国情感与创新品质。

夏青峰说，对北京中学来说，人才衔接培养模式和创新型人才培养并不是两个并列的目标，而是通过学段衔接整体设计，探索创新型人才培养的模式。具体来说，北京中学将开展"创新人才培养实验、课程教材改革实验、办学体制改革实验"作为实验办学期的主要任务，计划在课程设置、教学方式、学习方式、评价机制上都要形成有效经验。这包括科学构建符合创新人才成长需要的初中阶段课程体系；建立教师培训、教育研究和学术交流的高端平台；积聚一支有利于创新人才培养的优秀教师队伍；探索符合现代学校管理理念的机构设置和运行机制；建立服务学生、教师和学校共同发展的管理体系；建立与相关国际组织的密切关系；建立学生、家长与社会对北京中学的信任基础等。在这些工作中，重点是课程改革，要寻找实施素质教育的有效途径。

"想一想，如果这项教育改革实验取得成功，会有多少学生能从激烈的考试竞争中解放出来，把更多的时间投入发展个人的兴趣特长？"李奕说，"这肯定是一项艰巨的需要克服一系列困难的改革，是一场蕴含了大量可能的充满想象力的改革，也是一场需要积聚起一支具有高超专业素养和博大教育情怀的队伍才能推得动的改革。"

世界因我更美好

——一所中学的初心是什么？

  40 分钟的开学典礼是北京中学第一次在公众面前亮相，也是 5 年来北京中学整体在公众面前唯一的亮相。人们很快发现，无论是从新闻里还是在行业内的各个高关注度的活动中，都很难再听到北京中学的声音了。几乎是一夜之间，北京中学就安静了下来。

  只有身处其中才能体会。时代的机遇、汇聚的资源、巨大的期待、无数的可能……梦想可以在空中尽情飞舞，现实中的一切终究需要回到教育本身。对一所新诞生的学校来说，有太多的事情需要琢磨，当烧得发烫的头脑慢慢冷静下来后，教育规律重新回到北京中学所有权衡的中心。

  什么样的学校才算是一流的学校？夏青峰说："一流的学校，就是那些最接近教育规律的学校。北京中学要朝着一流学校迈进，就要努力回归到教育的原点，不断地去探寻教育的规律。心越大，就越要守得住安静，耐得住寂寞，受得了挫折。"

  安静，才能听得见真理的声音。

  翻开北京中学办学 5 年来的历次会议纪要，受邀前来给这所新生学校"把脉问诊"的国内外教育专家可以列出一个长长的名单。顾明远、陶西平、朱永新、朱小蔓、李观政、方中雄、杨志

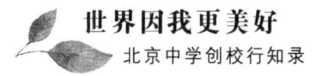

成、成尚荣、杰夫·海沃德（Geoff Hayward，剑桥大学教育学院院长）……

在北京中学校内，有关如何创建一所面向未来的现代化、国际化、高品质的学校的讨论每学期都会进行。在这些讨论中，规模最大并达成系统共识的主要有两次。一次是2015年，全校关于北京中学办学纲要的讨论；一次是2016年，全校对北京中学章程的讨论。

一、初心

一所以"北京"命名的全新学校，当然肩负着与生俱来的历史使命。着眼未来，北京中学的历史使命是什么？夏青峰认为，北京中学首先是一所学校。

"无论北京中学将来发展成什么样，育人始终是第一位的。它首先一定是孩子们喜欢的学校。在这所学校里面，来到这里的人，包括这里的老师和这里的孩子，心情一定是舒展的。老师们要能享受这所学校，孩子们要能享受这所学校，大家把这所学校当成心目中的精神家园。"

"作为学校，它肯定是促进人发展的。我们希望孩子们在这里能够得到很好的发展。这种发展首先是一种全面的发展，身体、品德、学业以及对美的追求、创新精神等。同时，又是自由的发展，不断地把自己的个性、爱好和特长充分地发挥出来。"

这种对学校使命最朴素的理解，后来变成了在北京中学校园里流行的两句话。第一句是"让人成为人"，意思是要让人性的东西真的在学生身上得到充分而良好的体现；第二句是"让自己成为自己"，意思是每个人都是独一无二的，有自己的爱好个性，要让每个人都成为这个世界上唯一的、最好的自己。

二、享幸福人生，做中华栋梁

既然学校的使命是培养人，那么，北京中学的学生培养目标是什么呢？最初，大家经过讨论确定的培养目标是：培养具有深厚的民族文化底蕴、良好的现代科技素养和广阔的国际视野，身心健康、富于创新、长于实践、善于合作、勇于担当的现代公民。

后来又不断讨论，将学校的培养目标简化为"培养具有中国情怀、创新品质的优秀世界公民"。

"最想培养的是什么？当时我想，核心词就是'创新''国际'。要把创新品质的培养始终放在核心位置，作为我们重点追求的目标。"夏青峰说。

培养"世界公民"的提法最早是由北京大学提出的。2012年3月，全国人民代表大会代表、北京大学校长周其凤接受媒体采访，首次公开提出北京大学要培养"合格的世界公民"。

夏青峰认为，北京中学志在成为中国首都的最好中学，培养的人才一定是站在世界的高度想问题的。他说，中国要对世界、对人类做出贡献，我们培养出来的人才，就不仅仅是中国的好公民，还要是世界的好公民。北京大学提出培养"合格的世界公民"，北京中学的改革探索是面向基础教育全局，应该可以提出"优秀的世界公民"这样的目标。而所谓"情怀"，就是内心深厚的感情。

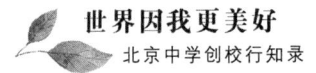

中国孩子永远具有一颗中国心，将来学校里还会有外国学生，也会受中华文化的熏陶，对中国怀有深厚的友好感情。

不过，这一句话的培养目标在北京中学使用的时间也不长。3 年后，在北京中学全体教师讨论通过的学校办学纲要上，北京中学的学生培养目标再次发生了变化。从一句话变成两句话，但只剩下 10 个字——"享幸福人生，做中华栋梁"。

人才培养目标再一次变化的背后，是北京中学全体教师对教育的理解发生了本质的变化。

翻看国内众多学校的培养目标，经典的人才培养目标句式是"将学生培养成……的人"。实际上，这个句式中就暗含了对教育的理解，即教育是一种"加工"。

"加工"是一个典型的工业词汇。世界范围内，诞生于工业大生产时代的现代教育体系，先天就具有显著的工业基因。大规模、标准化、集中培养就是这种工业基因的外在表现。

在全体教师讨论会上，夏青峰说："在人工智能、大数据、区块链等划时代的新技术层出不穷的现在，加工式教育培养出来的是一个个标准件，在未来还有竞争力吗？我们设计学校的现在，必须首先设想学生的未来，要站在终点思考起点。"

2018 年高考，一场人工智能与人的较量引起了社会广泛关注。在以北京高考作文为题的较量中，评委会按照高考标准打分，结果竟然是人工智能以 100 分比专业作家 85 分的成绩取得了胜利。

在这场人机大战之前 3 年，北京中学全体教师在讨论学校培养目标的时候，就已经关注到人工智能的崛起："人工智能将人从重复繁重的任务中解放出来，那么人未来去做什么呢？"

"唯有创新才是人类区别于机器的本质特征。"这样的共识很自然地将大家对教育的理解从传统的"加工"中解放出来。尊重每个人的个性、兴趣与特长，助力学生全面而自由的成长，这才是教育应该着力的方向。面向未来的教育，最根本的特征应该是"生长"而不是"加工"！

"享幸福人生，做中华栋梁"都是人生的状态。用希望学生达到的人生状态作为办学目标，就是要把学生放在舞台的正中央。落实因材施教，坚持以人为本，就是把学生放在教育展开的起点。实际上，每一个读过学校培养目标的学生，都能读出那个没有写出的"我"。

三、什么样的人能"享幸福人生，做中华栋梁"呢？

目标决定了任务。放眼未来，什么样的人能"享幸福人生，做中华栋梁"呢？这个问题实际上是学生核心素养问题，也是一所学校教育的起点和终点。

2014年3月，教育部印发《关于全面深化课程改革 落实立德树人根本任务的意见》，首次提出"核心素养体系"概念。新修订的普通高中课程标准，也将核心素养作为重要的育人目标。

对于"核心素养"一词，不同的国家和组织有不同的表述。美国称之为"21世纪技能"，世界经济合作与发展组织将其称为"关键素养"，澳大利亚称其为"综合能力"。

教育部委托北京师范大学，联合国内高校近百位专家，历时3年完成了《中国学生发展核心素养》研究报告。该报告指出，学生发展核心素养，主要指学生应具备的，能够适应终身发展和社会发展需要的必备品格和关键能力，是关于学生知识、技能、情感、态度、价值观等多方面要求的综合表现，是每一名学生获得成功生活、适应个人终身发展和社会发展需要的、不可或缺的共同素养。

中华人民共和国成立以来，中国基础教育的传统是重视"双基"，即重视基础知识与基本技能。随着教育改革进程推进，又提出了三维目标，即知识与技能、过程与方法、情感态度价值观。从"双基"到三维目标，再到核心素养，定义了中国基础教育从教书走向育人的不同阶段。

《中国学生发展核心素养》课题组负责人、北京师范大学教授林崇德认为，中国提出学生发展核心素养体系，就是要紧紧围绕立德树人的根本要求，坚持以人为本，遵循学生身心发展规律与教育规律；充分反映新时期经济社会发展对人才培养的新要求，全面体现先进的教育思想和教育理念；着重强调中华优秀传统文化的传承与发展，把核心素养研究植根于中华民族的文化历史土壤，系统落实社会主义核心价值观的基本要求，确保立足中国国情、具有中国特色。

根据《中国学生发展核心素养》研究成果，中国学生发展核心素养确定以培养"全面发展的人"为核心，分为文化基础、自主发展、社会参与三个方面，综合表现为人文底蕴、科学精神、学会学习、健康生活、责任担当、实践创新六大素养，具体细化为国家认同、理性思维等十八个基本要点。

在2015年北京中学全校大讨论中，这些核心素养得到全体教师最广泛共识的部分，被概括为学生的"四个学会"，即学会学习、学会共处、学会生活、学会创新。

具体而言，学会学习包括：有持续学习的兴趣与信心，有优良的学科素养与学业成绩，有良好的阅读习惯与思考习惯，有较强的自主学习能力。

学会共处包括：有爱心，能关心他人、感恩他人与包容他人，有自己的思想与追求，能把自己的事情做好，有一定的领导力，能积极地影响他人，有责任心，讲话做事诚实守信，有家国情怀、集体精神与环保意识。

学会生活包括：有健康的身体，能坚持锻炼，有积极的心态，能喜爱阅读，有优雅的气质，能发展爱好，有生活的技能，能亲近自然。

学会创新包括：有好奇心与想象力，有改变的愿望与尝试的行动，有一定研究创新能力，有一定阅历与传统文化底蕴，有互联网思维与国际视野。

四、信任　发现　支持　引导

教育从"加工"变为"生长"，教师的作用必然要跟着改变。对教师的作用，夏青峰有一个很有趣的比喻："就如同一个老司机和一个刚学驾驶的新手在一辆车上，最省力的是，新手在边上坐着，老司机开车，悠然自得，至于新手能学到多少算多少。最累的是，新手在开车，老司机坐在边上，这个时候老司机一定比自己开车更累、更紧张，也更有风险。但要想新手学得快，老司机必须选择做这种累的活。"

在 2015 年的全校教师大讨论中，北京中学教师在学生成长过

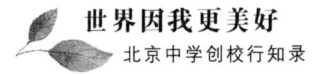

程中的作用被提炼为4个词，即"信任、发现、支持、引导"。

第一是信任。教师一定要相信学生，这样学生才会有动力激发创新意识和自身潜能。教师如果不相信学生，就会在各方面控制学生。只有信任学生，教师作为"老司机"才会放手，将学生推到前面，自己走在后面。

第二是发现。在信任的基础上，教师需要思考的是如何发现学生。在当今时代，教师要做一个细心的观察者，学生的优点是什么，学生的特长是什么，学生的发展可能性在哪里。根据学生不同的性格、特点和兴趣才有可能因材施教。

第三是支持。教师发现了学生有哪些方面发展的可能性，了解到学生有哪些学习的需求，有哪些个性特长的发展需要后，就要积极运用个性的方式去支持和发展学生，而不是不管学生什么样，都教一样的东西。教师对学生的支持既要有方法上的支持，也要有动力上和资源上的支持等。

第四是引导。基础教育阶段的学生还处在发展时期，在很多方面都需要教师积极地引导。

在信任的基础上发现，在发现的基础上支持，在支持的基础上引导。"信任、发现、支持、引导"八个字概括了北京中学提倡的教师价值，成为北京中学全体教师的教风。

5年后，已经担任北京市委教育工作委员会委员、北京市教育委员会副主任的李奕又一次到北京中学听课。学校只负责提供当天的课表，听课人可随机选听课的班级和科目，李奕足足听了半天。

"筹备这所新学校时，市、区两级教育部门寄望这所学校能面向未来，瞄准世界一流教育实践，探索一种立足核心素养、关键能力的育人方式和办学模式，这涉及教育事前事中事后的整体治理。应该说，这是一场具有雄心的改革实验，从学生学习、教师教学的基本形式，到学校课程设置、学校组织形式、校园运转方式等众多方面都需要从头开始立体重构。"听了半天"推门课"后，李奕当着学校管理团队点了头，"5年来，这就是北京中学一直在做的。"

五、和而不同　乐在其中

"和而不同，乐在其中"，取自孔子的"君子和而不同，小人同而不和"。2013年6月的那个下午，夏青峰在家里把这两句话放到一起之前，翻了很多学校的校风语录。

"和而不同"是他认定的第一个词。这个词可以解读出很多意思。中国正倡导和谐社会、和谐世界，北京的城市精神中，爱国、包容、厚德就是"和"，创新就是"不同"。学校要培养什么样的人？能与自己、他人、社会、自然和谐相处，就是"和"；要有自己的个性与特点，要不断地创新与创造，这就是"不同"。

放大到学校的工作方式。横向上，吸纳所有优秀的东西为我所用，但又要形成自己的东西，和而不同；纵向上，尊重、传承原有的一切优秀文化，但又要不断提升、创新，与时俱进，和而不同。未来，北京中学的校园里，会有来自世界各地的教师和学生，大家和谐相处又不失个性，和而不同。

在中国传统文化中，宇宙的存在方式就是"和而不同"。联想到教育，千年前，就有"君子和而不同，小人同而不和"的表述。

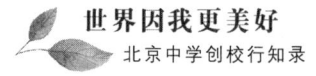

世界因我更美好
北京中学创校行知录

北京中学培养的当然是君子。

再具体到学校要致力探索的创新人才培养。创新型人才一定是社会性与个性的和谐统一，社会性就是"和"，个性就是"不同"，创新就是立于"和"而追求"不同"。

那么，创新为了什么？发展又为了什么？应该都是为了个体的幸福、人类的幸福。顺着这个思路，夏青峰想到了"乐在其中"。幸福不就是一种乐在其中的感觉吗？

再往下想，"乐在其中"竟然同时暗含了目标与路径两层意思。创新的动力是什么？创新人才最核心的品质是什么？好奇心！好胜心也能导致创新，但好奇心能让创新走得更深、更远。喜欢它、孜孜不倦地探究它、不断地沉浸其中，再苦也是乐，才会有创新。爱好的情感、探究的愿望、乐在其中的状态，是创新品质很重要的三个方面。

中学阶段如何培养创新人才？不是让学生拿出多少创新性成果，而是让学生喜欢上学习，对生活与社会充满热情，想为了社会而改变一点什么，孜孜不倦，乐在其中，才是最重要的。

甚至是乐在其中的原义，还有一种契合北京中学创业期的品格与精神。吃粗饭、喝冷水、枕臂就地而睡，照样快乐；不义的富与贵，都是浮云。有一种道德期望在里面。

夏青峰说："我们要培养什么样的创新人才？我们又如何去培养创新人才？而且最好用中华传统的文化来表述我们的理念，那个下午顺着这个思路，我想到了'和而不同，乐在其中'这两个词。但是作为校训还是作为办学理念，当时还等着大家的论证。"

"总之，如何办好一所世界级中学？如何成长为一个优秀的世界公民？我觉得最根本的一条，就是'和而不同'。如何走上不断

38

创新的道路，结出创造的果子？最好的路径就是能'乐在其中'。和而不同，体现的是一种胸怀与为人处事方式；乐在其中，体现的是一种精神，乐观向上、锲而不舍、追求真理的精神。"

回忆 5 年前思考北京中学八字校风的那个下午，夏青峰清楚地记得每一步思考的细节，就好像昨天刚刚发生过。

六、校训：世界因我更美好

北京中学的校训是"世界因我更美好"，乍看上去，不像是一所学校的校训，更像是一句广告词。但大家觉得，就是要广而告之的校训，只要名副其实，朗朗上口并非坏事。

"要求学生将'世界因我更美好'根植在内心，并不是说一定要学生做出多么惊天动地的事情，而是一定要去改变这个世界。地上有一张废纸，你捡起来了，因为这个小小的行为，世界变得更加干净一点了。这就是世界因我更美好。"夏青峰说，"这个'世界'有大世界，也有小世界；这个'我'，有大我，也有小我。"

2014 年 6 月 9 日，北京中学学生具慧瑾在日记中记下了发生在校园里的一幕。

雨　中　人

雨中人，撑着伞，在瓢泼大雨中，在食堂与教学楼间穿行，护送一个又一个忘记带伞的老师和学生。这一幕，不知感动了多少人。

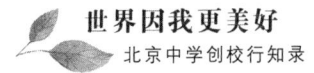

在中午自修时间，下起了瓢泼大雨，说这是瓢泼大雨真不为过，雨丝细、密、多，在雨伞中，听着雨打到伞上的声音，只感觉冷……我在去食堂的路上和志愿者擦身而过，我一惊，他们的脸上竟都是雨珠！我吃完饭，发现他们还在护送，护送着无数师生穿过这段充满雨冷的距离。从食堂到教学楼并不能说远，但今天不一样，当瓢泼大雨一滴紧接着一滴，无数滴雨点霎时间落在身上的时候，谁都会觉得寒风刺骨。操场上已经有了无数坑坑洼洼的小水坑，遍布操场，踩进去，鞋肯定湿透了。志愿者，走了多少个这样的来回？护送了多少师生？雨伞为一切带来了安全感，让人踏实、温暖。志愿者们接连护送了三四十分钟，甚至更多！当他们回班时，衣服、鞋子、头发全都湿透了，但他们并没有介意。这就是志愿者吧！在冰冷来袭的时候，撑起一把温暖的伞，这个举动在多少人心里播撒温暖？这次让全校都为之感动的志愿者就是一班的王一和杨佳烨。我相信在这之后，在北京中学，一定会出现更多的志愿者们、更多的服务者们，带动更多的人！

在雨时，在任何时刻，也许都需要志愿者，我也期待下一次，志愿者的出现。

在北京中学，校训并不是一个挂在高处的口号，整个学校的价值观乃至课程设置都与这条校训一脉相承。

任炜东说，"世界因我更美好"是一种价值观的养成。这是对《中华人民共和国教育法》中"立德树人"总要求的校本化体现。细分之下，如何做到世界因我更美好，有着5个层次的内涵。

一是心中有他人，不给别人添麻烦，乃至"己所不欲，勿施于人"；二是认识自己，努力做最好的自己，成就自己；三是推己及人，成人之美；四是勇于担当，服务社会；五是心系中华，胸怀天下。

  这条校训成为北京中学各门课程的实施框架，也为各科融合奠定了基础。任炜东说，校训中所说的"世界"是我们身边的小世界，也是全球的大世界，是客观世界，也是主观世界。"世界"既是课程研究的对象，也是学生生活的环境。通过课程、教学，通过学校、家庭、社会生活，人类文明在学生面前展现，构建起学生眼中、心中的世界，滋养学生的精神，丰富学生的心灵，发展学生的潜能。这恰恰是基础教育课程的功能所在。而在此过程中，随着学生对"我"的认识，自主能力、自信品格、自强精神都将得到发展。

  "校训里的'美好'是真善美的统一，'因'体现的是一种责任担当，'更美好'则预示了人一生追求美好事物、追求卓越的过程。"任炜东像一个真正的推销员一样介绍"世界因我更美好"的样子，让这句像广告词一样的校训，真的变得更美好起来。

学习面向未来

——未来的世界需要今天怎样的学习？

2018年8月，按照教育部的部署，作为全国第二批中高考改革试点地区，北京市公布了中高考改革方案。考生可自主选择考试科目，考生可在试卷上选择考题，高校特定专业可对考生特定科目成绩提出要求，部分高校试点参照学生在校综合评价招生，外语扩大口语和听力考察，实行一年两考等一系列改革措施正式落地。

对于全国各地50余万所中小学校来说，中高考无疑是一根具有魔力的指挥棒。多年来，全国各地推出的教育改革措施层出不穷，但大多数学校判断一项改革措施是否实行的硬杠杠仍是"考不考"。

显然，新中高考改革实现"因材施考"，向全国基础教育界发出了实施"因材施教"的明确信号。

一、先走半步

在北京中学教师们的感受里，相对外部的环境变化，北京中学推进的改革似乎总能提前踩到点上。

2013年11月，北京中学第一次期中教学质量检测就增加了外语口语测试的内容。

"离考试还有两天，外教提出增加口语测试。刚开始，我们觉得时间太紧没有同意。外教坚持要增加，校务会讨论认为语言学习重视口语是必然，外教的坚持是对的，就同意了外教的要求。不过，我们商量的结果，不光加了外语的口语测试，还增加了语文的口语测试。"任炜东说，"现在看，我们好像早有准备，但当时我们只是尊重世界一流教育实践的经验，顺着语言学习的规律，根本没想过中高考试卷上会不会考。"

学生综合评价同样如此。北京中学创造的五星评价制度，强调要对学生实行扎实的过程评价。这条规定没有任何噱头，所有教研组要为每个学科研究建立相应的评价体系。每个学期，每位老师都要给每个学生写评语。北京中学规定，所有综合评价由校级管理团队把关。5年后再看，这样的评价体系同样符合了最新的高考改革要求。

一次"押题"成功，意外地让北京中学校内的教学改革引起了外界的热议。2017年，北京高考作文题是"老腔"。对大多数北京考生而言，这个只在央视春节联欢晚会上见过一次的陕西民间非物质文化遗产是非常陌生的，但北京中学刚刚初一的学生们却写出了高质量的作文。原因是，在学校组织的中华文化寻根之旅中，这些学生曾亲赴陕西，感受过原汁原味的"老腔"。

任炜东说："改革就像走夜路，常常是摸着黑前进。每当我们不知道往哪儿走的时候，我们就回过头来看我们的学生，答案往往就在学生们身上。几年下来，北京中学所有教师的下意识里，

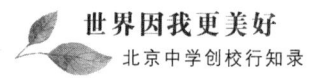

只要学生需要又符合学科逻辑，我们就往前探半步。"

二、学习跟着成长走

这种逢山开路、遇水架桥的行事风格在北京中学校内已经成为一种文化，这导致在外人看来，北京中学的很多教师常常是"不务正业"的。语文教师会去研究社会学问题，地理教师会去研究人文问题，信息技术教师会去研究艺术问题……

朝阳区教育委员会时任主任孙其军说："传统教学是教书，课程教学是按科目，按知识点，人要随着知识架构走。2013年讨论北京中学小规模实验办学方案的时候，朝阳区期待北京中学做的是育人，让知识随着学生的成长走。"

观察传统的课堂学习，学生相互等待的现象是很普遍的。"齐步走"的机制，让学生的很多时间都在等待中浪费掉了，课堂学习效益堪忧。同时，学生们的学习风格、思维方式有差异，而在课堂学习中，学生们却经常被要求以统一的方式去学习，而不是以自己喜欢的方式去学习，学习效果很受影响。

夏青峰认为，纵观中外一流的教育实践，提升学生的学习效率，不仅要在"学什么"上做文章，还要在"怎么学"上下功夫。解放学生，让学生能够按照自己最喜欢的方式、最适合的进度去学习，是教育者迫切要关注与改进的。

三、因材施教，推进个性化学习

北京中学采用了"走班学习"的机制，但北京中学的"走班"不是依据学生学习成绩的好坏或学习内容的深浅来分类，而是根据学生学习方式的偏好来确定，将每门学科的学习分成自修、研修、导修、讲修四种类型。

自修班，主要是以学生自修为主，教师教的成分很少；研修班，教师教的成分相对多一点，但也是以学生之间的相互研讨为主；导修班，教师教的成分更大一些；讲修班，教师教的成分要大于学生自修的成分。学生自主选择进入哪种类型的班级进行学习。

北京中学副书记文娟说，在推进这种依据学习方式不同而进行的个性化学习中，北京中学重点关注了学生选班、教师作用和信息媒介的运用。

学生选班。在自修、研修、导修、讲修四种类型中，学生自主确定究竟选择哪种类型进行自己的学科学习。但在选择正式确定之前，需要老师及家长的指导。

首先，学校要对每个学生的思维方式、学习风格进行跟踪调查与数据分析，将调查分析结果提供给学生及家长参考，运用心理学的相关知识指导学生更好地发现、认识自己的思维方式、学习风格。其次，学校给予学生一定的"试学"过程，让学生在不同类型的课堂中学习，在实际的体验比较中找到自己最喜欢的学习类型。这样，让喜欢自学的人可以在一起自学，喜欢听讲的人可以在一起听讲，而不是让成绩好的在一起，成绩差的在一起。

夏青峰说，每位老师的教学风格是不一样的，有些老师更喜

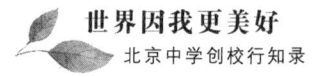

欢给学生讲，而有些老师更喜欢让学生讲，很难说哪种风格的教学效果更好些。如果硬是让教师采用自己不擅长的风格去教学，也达不到好效果。学生的个性化学习，需要教师的个性化教学。在实际教学中，北京中学让老师们去选择适合自己的教学类型。但无论是自修、研修还是导修、讲修，教师的作用应更多地体现在"信任、发现、支持、引导"上，需要运用启发式教学，只不过启发引导的方式不一样。

自修班老师的职责主要体现在以下几个方面。

第一，与每个学生确定好个性化的学习目标与计划，指导好每个学生分析自己的学习基础，并以月为单位，制订好自己的月学习目标。自修班学生每月的学习任务、进度、内容都是不一样的，是根据自己的实际情况"量身定制"的，任务明确并量化，每个学生都与老师签订当月学习协议。教师还要指导好学生制订自己的月学习计划，比如一个月共有 20 节数学课，这 20 节数学课分别要学习什么内容、完成哪些任务，在上月底就要确定好。

第二，在学习困难处提供支持，并将学习引向深入。如同爬一座山，学生凭借自己的力量，很可能在某一处是爬不上去的，这就需要老师适时地提供支持。这种支持，不一定是用手直接去拉，而是研发一些支撑性工具，在学生需要时，他们会想到运用这些工具，北京中学提倡更多的是以微视频、微课程的方式提供这些支撑性工具。老师们会预判学生在哪些知识点的学习上可能会遇到困难，提前录制好简便易用的微视频放在学校的学习资源网上。当自修遇到困难时，学生就可以主动在学习资源网上找到他们需要的内容，老师们也会通过后台记录，实时掌握学生在学习资源网上的学习情况。

如同爬山，学生在学习过程中会看见一些"洞口"，但没有人引导，他们就可能欣赏不到山洞里美妙的风景。要让学生的自修走向深入，北京中学要求教师做好引导工作，通过大课讲座、个别辅导、线上交流等形式，让学生们能够进行深度的而非浅表层次的学习。

第三，进行学习的个性化评估与指导。包括根据每个学生的情况（学习基础、任务、目标等），评估学生的学习过程、方法与效果，指导学生不断改进学习计划与学习方法，对一些需要加强的知识学习或能力提升，再给予一些特殊指导。

无论是自修、研修还是导修、讲修，北京中学都鼓励师生积极而充分地运用信息媒体，以突破时空限制，促进学生自由自主地学习。

第四，教师会不定期地组建虚拟课堂。比如当天的某个时段，由老师（或同学）发起，大家在微信群里（学习社区）讨论某部小说的人物性格特征。学生可自主选择是否参与讨论，但讨论的过程是每位同学都能看见的。这样做就突破了时空的界限，即使是节假日，课堂学习也随时都可能发生。

第五，网上答疑辅导，以前针对一道题，教师往往要跟十几个学生分别讲一遍，非常累。现在一道题，教师在网上讲一遍，每个同学都能听到、看到。很多时候，不需要老师的讲解，同学之间讨论就能把问题解决了。

第六，学习资源的分享。北京中学鼓励学生制作一些学习的电子化资料，放到网上共享，让同学们都能听到、看到。比如，学到《史记》了，每个学生用自己最美的声音读其中的一篇，录制后放到网上，这样大家就都能"听"《史记》了。

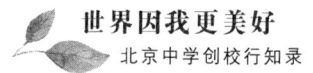

四、学思结合，推进联系性学习

世界是充满联系的，而学生的学习经常是孤立的。夏青峰说，促进学思结合，需要让学生在联系中学习。尤其是在信息化社会的今天，让学生学会在大量繁杂的信息中找到相互关联的信息点，并建立起知识的结构以及与世界连接的意义，更显重要。

（一）先见森林，再见树木

以往的学习，很多时候要等到老师走进课堂开始讲课了，学生才知道今天要学习什么内容。至于为什么要学习这个知识点，这个知识点与其他知识点有什么关系，它处于知识体系中的什么位置，学生并不知道，也不关注。就如同走进一片森林，教师领着学生精心研究其中的一棵树或几棵树，但这些树木处于森林中的什么位置，这些树木之间又有何种关联，学生十分茫然。这样的学习很不利于学生思维的发展。

北京中学在教改实践中，尝试改变这种状况。

（1）从知识的边界整体入手。在学习一个知识点之前，先让学生们明白这个知识点是在哪个知识体系与结构中，在哪个环节点上，给学生们一个整体观念，"先见森林，再见树木"。

（2）确定相关。在这个整体里，搞清楚这个知识点与哪些知识点是有关联的，建立起不同知识点之间的联系与沟通。

（3）理解反思。深入学习理解这个知识点，以及此知识点与其他相关联的知识点之间的联系与区别。

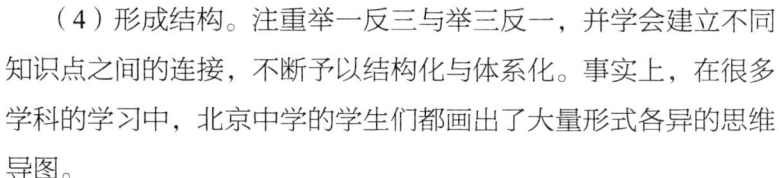

（4）形成结构。注重举一反三与举三反一，并学会建立不同知识点之间的连接，不断予以结构化与体系化。事实上，在很多学科的学习中，北京中学的学生们都画出了大量形式各异的思维导图。

（二）在广泛的联系与比较中学习

积极引导学生在广泛的联系与比较中学习，不断提升他们思维的高度，扩展他们思维的视野。

（1）在教学中运用多版本教材。比如，语文教学采用主题教学的形式，在探讨某一主题时，教师会引导学生从多个版本的教材里（包括其他资料与图书）将表现这一主题的文章都找出来进行泛读，并推荐几篇出来精读，从相同主题中比较出思想与方法的不同，从不同写作形式中提炼出相同的元素，这样学生对文本的学习，不仅仅是过去的"仰视"，也有一定的"俯视"，在"俯""仰"之间，学生的思想会达到一定的高度与广度，学习能力与思考能力也会得到提升。

（2）在教学中引发广泛的联想。比如，地理课在讨论气候时，学生们就会联想到气候与生活、气候与性格、气候与饮食、气候与长相、气候与智商等话题，大家分工进行这些小课题的研究，并在课堂上分享，从一个知识点的学习，就能引发学生们对世界更加广泛的认知。

（三）探索跨学科的综合性学习

跨学科的综合性学习是当前中国基础教育改革的一个热点，

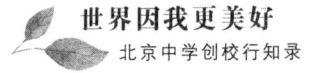

也是全国基层教师公认的教改难题。如何避免不同学科内容机械组合的大拼盘？在这个领域里，北京中学的做法如下。

（1）主动发掘跨学科学习的载体。北京中学鼓励教师在教学实践中积极寻找与开发跨学科学习的载体，比如地理课上"家庭迁移图"的研究。在北京读书的中小学生，很多人的父辈、爷辈或者辈分更高的人，是从北京以外的地区迁移过来的，家庭都有着一定的迁移史。教师引导学生将自己的家庭迁移图画出来，然后绘制到一张班级的家庭迁移图上。再通过学生讲述伴随着家庭迁移发生在自己家族身上的故事，"闯关东""支边"等这些涉及政治、历史、地理等综合性知识的话题都会被引出来。

（2）开展跨学科综合学习的实践活动。北京中学开展了中英文双语阅读同本书的系列活动，学生在阅读名著的同时，再阅读它的翻译版（中文版或英文版），在比照中总结分析其中的文化差异。学校也开设科学、技术、工程、数学（science，technology，engineering，mathematics，STEM）课程，让学生在各种实践活动中将科学、技术、工程、数学等领域的知识综合到一起，以解决实际问题；学校还开设了CAME（computer aided manufacturing for education）课程，将艺术、信息技术、工程等知识进行融合，让学生跨越知识的边界，综合性地运用知识。

五、知行统一，推进体验性学习

"行是知之始，知是行之成。"夏青峰说，当下的中小学生学习方式还是略显单一，在知中求知多，在行中求知少。要促进学生的全面发展，就必须丰富学生的学习方式，让学生在教中学，在做中学，达到陶行知先生提出的"教学做合一"。这里的"做"不仅仅是动动手，更多的是实践，是研究，是创造。

（一）在教中学

虽然每位教师的教学风格是不一样的，但北京中学还是鼓励教师尽可能地让学生"在教中学"。走进北京中学的课堂，很多时候看到的都是学生们站在讲台上交流与分享。

为了提高学生们"教"的效益，北京中学关注了一些实施细节：提前确认好任务，一般会提前一周由学生领好任务，以小组为单位，分工负责，要求制作好讲解的 PPT；安排几个小组讲解相同的内容，有利于学生从不同角度输出信息与接收信息；学生是小组集体上台，分工讲解，讲解后，其他小组要与其互动、提出质疑与做出评价；教师不是评判者，而是过程的组织者与引导者。

（二）在做中学

有些知识的学习，不需要多讲，让学生动手做一遍，学生对知识的理解远比听一遍要深刻得多。比如，数学课上让学生用材料直接做出几何形体，地理课上让学生用橡皮泥做出中国的地形地貌，生物课上让学生做出各种生物模型，物理课和化学课上让学生直接做各种实验等。北京中学尤其注重的是，让学生动手去做，不能总在执行老师的指示，而是要自己想着去做。

学校关键要提供：第一，动手的条件。爱动手是学生的天性。

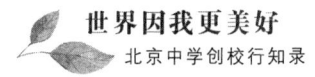

衡量一所学校是否真正以学习者为中心，一个很重要的标志就是去看这所学校有多少学材方便学习者使用。比如，在教室、实验室、走廊、校园角落等地方多放置一些学生日常动手所需要的各种材料，学生想动手就会很方便。第二，作品的展示。在校园里设立各种展示柜、展示台，让学生将动手制作的作品自愿展出供大家交流，让学生产生一种对自己成果的喜悦感。走进北京中学，校园里处处都有学生动手做出来的作品。在这种环境与氛围中，越来越多的同学喜欢用动手做的方式来学习。

（三）在创中学

既要解决传承的问题，又要解决创造的问题，但很多时候我们发现，随着知识的增多，学生的创造力反而在下降，期望学生在传承后再创造，往往效果不佳。北京中学尝试让学生在创造中传承，用创造的方式去学习。

例如语文学习，尝试以写促学、以写促读。要学习诗歌吗？自己写写诗歌看，从仿写到创作，只有用心去写诗，才会真正体会到好诗的魅力。学习文言文、散文、小说都是如此。北京中学鼓励学生创建个人的微信公众号，将自己的创作发布到公众号上与好友分享。

类似的学科尝试在北京中学还有很多。比如，数学学科开展数学建模活动；英语学科鼓励学生创作英语报刊、尝试英语配音；信息学科组织开展学生编程大赛；戏剧学科让学生进行各种创编的话剧演出；美术学科组织学生设计建筑、设计电影服饰、设计动漫……每门学科都会开展以作品为导向的创造性学习竞赛或展示活动。"学生创造的火花被激发，他们学习的热情就会高涨。"

（四）在研中学

让学生在研究中学习也是北京中学积极探索的一项内容，包括两个主要方面：第一个方面是让学生在活动的策划中学，每项活动的开展都由参与的学生自己撰写活动策划方案进行投标竞标，并接受公开答辩质询，学生完成策划方案并通过答辩的过程，实际上就是一个非常全面而深刻的学习过程；第二个方面是让学生在课题研究中学习，每个学生都需要参与一项课题的研究，并经历开题、研究、结题的过程，人人需要撰写研究报告。不要求学生取得多么重大的成果，更关注学生在其中学会科学研究的方法，提升学生学习与研究的能力。

北京中学支持学生科研小组到大自然中开展科学考察活动，支持学生走进高端实验室、走到科学家身边进行科学实验活动。事实上，很多学生科研小组几乎每周都外出活动，人文精神与科学素养因此而得到了提升。

（五）在行中学

打破校园围墙的边界，建设蓝天下的课堂，让学生在行走中学习，也是北京中学非常重要的学习方式。学校每学期都要开展"博物馆课程活动"，引导学生走进北京各大博物馆，与博物馆对话；每学期都要开展"自然大课堂活动"，组织学生露营、攀岩、篝火、越野，让他们在大自然中学习与研究；每学期都要开展"中华文化

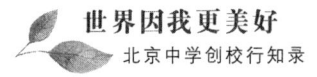

寻根之旅"活动，组织全体学生体验秦岭文化、中原文化、齐鲁文化、江南文化、徽州文化、巴蜀文化和敦煌文化，让学生在游历的过程中开展各种课题研究，并撰写了大量的研究报告与诗歌散文；每学期都要开展"世界大课堂活动"，组织学生到世界名校访学，在文化的比较中拥有更为广阔的视野和更为浓厚的家国情怀。

夏青峰说，我们的孩子将来走上社会，都会成为劳动者，但是将来的竞争，更多的是国际劳动力市场的竞争，一所面向未来的学校需要增强"全球劳动力市场"的概念。当今全球劳动力市场的趋势之一就是工作的自动化进程。一些常规的、缺乏变化的工作都将会慢慢地被工程师们设计为程序，这些劳动将会被机器人所替代，或者是从事这项劳动的人只能获取低廉的薪酬。要想在国际化、信息化背景下获得好的工作，能够在全球劳动力市场的竞争中胜出，能够不被机器人所替代，我们的孩子就要具备那些机器人不具备的本领，包括：解决从来没有见过的问题的能力，从大量信息中发现规律的能力，与人合作并承担领导责任的能力，创新的能力，道德的感召力……

六、学习不亦说乎？

关于学习，大多数中国人能脱口而出的名言恐怕就是，"子曰：学而时习之，不亦说乎？"可这句话在当代中国的孩子们看来是很不可理解的，曾经有个学生在学校当面质疑任炜东说："老师，学习怎么可能不亦说乎？"

任炜东说，心有所悟，又有机会身体力行去实践所学，当然是一件乐事。考证"学习"二字的字源也可以找到证据，甲骨文中"𦥑"的上方有一个"✗"，表现的是算筹，也有说是编织渔网，✗两边的𠂇𠃌（爪，手）表现了手把手地教的过程，都是在学生活必需的知识或技能，对生活有用当然学起来就高兴。"习"字体现的是雏鹰每日扇动翅膀练习飞翔，想想自己能独立翱翔在天空中，当然开心了。

七、有效学习

关于学习、课程、人才培养模式等基础问题，一直是北京中学教师们思考的焦点。任炜东还专门写过关于学习的论文。

"把学习二字拆开，学是习的前提和基础，习是学的巩固与深化。学习是学、思、习、行、情的总称。"

"当代脑神经科学研究的结果，神经具有可塑性，可以通过外界作用，被塑造或修改。因此，学习可以改变大脑。学习的同时，大脑在内部进行着重组和链接。学习同一内容的方式越多，在多重背景下，运用多重智力，用不同的媒介激发多重情绪反应，那么学习的效果就越好。"

任炜东认为，更有效的学习要重视感悟。他说，在感悟中，我们学做学问、学做事、学做人。学会做人是根本，而做事、做学问是路径，在做事、做学问中学会做人。做学问指向文化基础，应格物、致知、宁静致远，做到学思结合、自主建构，发展批判思维和创造思维；做事指向社会参与，做到天道酬勤、知行合一，要有责任讲担当，能实践勇创新，提高协作交流能力；做人指向自主发展，应诚意、正心、自强不息，要自我管理，健康身心、健全人格。

学指向"知、情、意"，习也指向"知、情、意"，知、情、意最后汇合到感与悟上。这里，感是因，是前提条件，意为感觉、感知、感受；悟是获得果的过程，包括醒悟、省悟、顿悟、体悟以及觉悟，意为理解、明白。感是思维的质料，是量的积累，为悟提供待加工的信息；悟是思维的升华，是质的提升，由感触发实现人内在的对世界创造性的建构。学习中，感的对象是自然、生活、社会的现象，悟的结果是观念、规则、规律；感的过程在观察与实践，悟的过程在思维与自主建构；感重在事实，悟重在观念、方法、精神。感悟就是从一个具体的内容导向对完整意义的感知，乃至对自身知识体系、价值观念的建构（图1）。

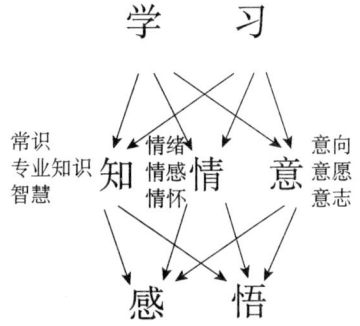

图1　任炜东画的学习结构图

八、仁、智、勇、乐

在北京中学西坝河和东坝河两个校区中，"仁、智、勇、乐"

学习面向未来
——未来的世界需要今天怎样的学习？

这四个字被铸成铜牌，挂在教学楼中庭最显眼的位置。学习究竟具有怎样的力量？学习究竟通向怎样的人生境界？这四个字就是北京中学找到的答案。

"仁、智、勇"来自梁启超的文章《为学与做人》。在该文中，梁启超介绍了人类知、情、意三种基本的心理活动，并以儒家君子的三达德"知、仁、勇"与之一一对应，曰：知者不惑，仁者不忧，勇者不惧。

"知"（通"智"）指的是认知、观念，目标是不惑；"情"指的是情绪、情感，目标是不忧；"意"指的是意志，目标是不惧。

任炜东说，智的发展，要从常识学起，再到专门知识，进而发展判断力，丰富人生智慧；仁的发展，要在对己、对人中体验情感交往，对己做到不计得失、成败，做到己所不欲勿施于人，强调忠恕，做到不给别人添麻烦，做最好的自己，进而服务他人、造福社会；勇的发展，从心向往之，心中有大目标、大志向，才会产生大勇气，进而做到面对各种困境、诱惑而不动摇，才能把对美好事物的向往转化为持之以恒的行动。

第四个字"乐"是夏青峰建议加入的。"要尊重孩子们的兴趣、个性，孩子们在感兴趣又擅长的学习中才能获得全面而自由的成长，更重要的是要激发学生对美的追求。这其中也有学习负担的相对论，减负不是减少学习，而是减少孩子们不喜欢的低效学习，如果孩子们对学习乐在其中，又怎么会疲倦呢？"

所以，仁者不忧，智者不惑，勇者不惧，乐者不疲。

全面而自由的成长

——什么样的课程体系能让学生的成长全面而自由？

"课程"一词在我国最早出现于唐。朱熹在《朱子全书·论学》中有"紧着课程，宽着期限"的论述，即指功课及其进程。在英语中，课程（curriculum）最早由英国教育家斯宾塞（Spencer）提出，最常用的解释源于它的拉丁词根"currere"，意为"跑道"。根据这个词源，最常见的"课程"的定义是学习的进程，强调有系统、有计划的学习活动。

孙其军说："教书和育人的差异在于，谁走向谁？教书是把人的认知引向已有的知识结构，育人则是把知识引向不断成长变化之中的人。"

在没有调任新岗位之前，孙其军每年都要到北京中学听课、调研、开现场办公会。在任炜东的印象中，孙其军有一句话让大家印象特别深刻："大家设想，如果我们的学生置身于一座荒岛，我们教给他们的东西，能够帮他们生存下来吗？"

这是对教育更高的要求，也是对教师专业素养和职业精神的极高要求。

全面而自由的成长
——什么样的课程体系能让学生的成长全面而自由？

地理特级教师张树宏说："原来我备一节课花半个小时，现在即便从事教学已经几十年了，为一节课我经常要花上一整天。"

打开北京中学语文学科的学习材料，传统按学年编写的课文被整合为自然、情感、游历、思想、艺术和文化六大主题。语文教师王守英说："这六大主题是语文教研组在全国目前使用的8个版本的语文教材基础上整合而来的，一名北京中学学生的语文修养，在课文之外，我们还要求其听讲座50个小时，脱稿演说4小时，背诵诗文320篇，写读书随笔20万字，课外阅读1000万字。"

"如果一定要量化这两种不同课程方案的工作量的话，起码是一比三。"副校长周慧说。

一、国际知名中学的课程建设特点

作为首都基础教育课程改革的一块试验田，无论是建校筹备期还是学校开办后，北京中学都得到了北京市教育委员会和朝阳区教育委员会的支持，逐渐与国内外一批著名中学建立并保持了密切的学术联系。在考察过中国上海中学、中国香港皇仁书院，美国托马斯·杰斐逊中学、格罗顿中学，英国伊顿公学、哈罗公学等知名中学课程建设情况后，创校团队发现，完善的课程体系是这些知名中学的共性。

任炜东说："所有这些知名中学的课程设置都是齐全的，基本上都包括核心课程、选修课程，课程的基本模式是必修加选修，给予学生充分的自由和自主选课权利，同时形成了一些较有特色的品牌课程、个性化课程，鼓励学生成立社团、出版会刊、参与

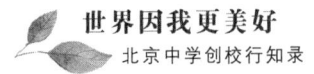
世界因我更美好
北京中学创校行知录

社会实践活动等，获得丰富充盈的成长体验。"

具体而言，上述这些知名中学的课程建设具有以下几个特点：第一，有明确的知识谱系（课程谱系），如上海中学的德育课程图谱、学习领域课程图谱与优势潜能开发课程期望图谱。第二，重视学术水平，提供高水平课程，如美国托马斯·杰斐逊中学开设14门AP课程，人才培养与高校衔接紧密。第三，核心课程与拓展课程互相补充，满足学生的个性化需求，如美国菲利普斯高中开设有数学、英语、历史等核心课程，还有50多个运动项目作为学校的特色课程供学生选择。第四，多数学校按照学分制进行管理，走班授课，小班教学，体现了学习的自主性和个性化。第五，学生自主管理和选择能力较强，学校开设的体育、艺术课程门类繁多，社团活动和俱乐部活动丰富多彩，为学生的个性化发展提供了保障。第六，国际化程度较高，开设多种外语课程、国际课程和国际访学课程，鼓励学生参加相应考试，打开通向国际知名大学的人才培养通道。

在到北京中学之前，任炜东是朝阳区教研中心主管教研的副主任。再之前，他是日坛中学主抓课改的副校长。任炜东说："总结这些学校的课程设置特点，学校的课程规划以学生为中心，以学生生动活泼地学习和全面自由地发展为目标，基于基础性、选择性、探究性、综合性、生活化、数字化的原则，通过优化课程结构、变革学习方式与教学方式、变革评价方式，开发多样化的课程资源，培养学生的责任感、创新精神和实践能力，为学生的未来人生奠基。"

"具体课程设置包括学校在整合国家课程、地方课程，自主开发校本课程的基础上，分类分层为学生提供的基础课程、拓展课程和潜能课程。学校支持教师开设独特的课程，鼓励学生成立社团，参与社会实践活动，给予学生充分的自主选课机会，帮助学生获得丰富充盈的成长体验。"

二、北京中学的课程规划

北京中学以促进学生全面而自由的成长为课程建设理念。任炜东说，"全面"有两层含义：一是从培养目标讲，学校培养的是全面而自由发展的人，使学生在身心健康、品德发展、志趣高雅、学业优秀的基础上，形成良好的社会责任感、创新精神与实践能力；二是从脑的发展讲，通过丰富、多样的课程，使学生的脑的各个区域在成长过程中得到开发，并适度链接，为创造思维打好基础。而自由是人发展的最高境界，要经历从他律到自律再到自觉与自主的过程。学校的课程建设与实施，就是唤醒自觉、培养自主、追求自由的过程。

遵循"和而不同，乐在其中"的校风，北京中学的课程体系构建着眼于立体的人的培养，为学生的个性发展需求提供支持，分 7 个领域为学生系统设计了必修与选修科目、模块。学习领域包括：语言与文学、数学、人文与社会、科学、技术与工程、体育与健康、艺术。

必修内容为全体学生毕业的基本条件，选修内容针对学生的个性化需求和学校特色建设设计。北京中学整合了国家、地方和校本课程，立足学生的核心素养与优势潜能开发，设置了基础、拓展、潜能课程。编制各学科的学科课程方案，并据此进行学科

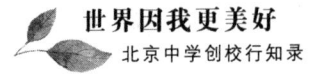

资源的开发与实施，以及教学方式和学习方式的研究。基础课程突出学科素养的发展，以国家课程为主，依据北京师范大学"中小学生学科能力表现研究成果"，聚焦学科学习理解能力、实践应用能力、创新迁移能力的培养，组织教学的实施与学习效果的评价。在学科内关注知识的关联和各类型课程的比例设置，三维目标的综合实现，小、初、高学段有效衔接，探索单元式学习，以学科核心概念切入，适当重组学科内容。在学科间，则强调关注学习主题融合，关注跨领域、跨学科的相互关联与影响，探索主题式学习，以大概念促进跨学科综合，促进学生知识体系的结构化、系统化。整合历史、地理、思想品德课程，开设社会课程；整合物理、化学、生物课程，开设走进科学实验室课程；建设体育、艺术、技术学科的学科群，供学生自主选择课程，实现通排通选。

拓展课程是从广度上实现门类性的拓展，突出领导能力、创新能力的发展，包括"阅历""服务""雅趣"三个系列，在丰厚文化底蕴、培养好奇心与想象力、艺术与审美熏陶、科学研究启蒙、社会实践体验等方面进行系统构建。

"阅历"系列以"读万卷书，行万里路，听万家言，说万家事"系列内容为主要载体，旨在丰厚学生的文化底蕴，拓宽思路与视野，增强社会文化体验，开设讲堂、阅读、表达、游历等课程模块，融合社会大课堂活动，每月安排一次外出实践活动，每学年安排两次社会考察活动，培养学生的文化认知能力和行动能力。

"服务"系列以校园生活体验与社会实践活动为主要载体，让学生在各种活动中创造、行动、服务、合作，促进学生认识和欣

全面而自由的成长
——什么样的课程体系能让学生的成长全面而自由？

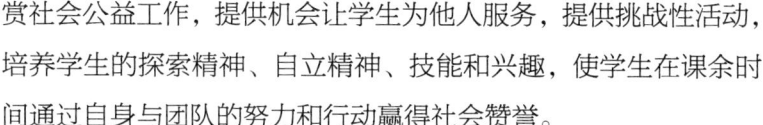

赏社会公益工作，提供机会让学生为他人服务，提供挑战性活动，培养学生的探索精神、自立精神、技能和兴趣，使学生在课余时间通过自身与团队的努力和行动赢得社会赞誉。

"雅趣"系列以琴棋书画、舞蹈艺术、戏剧表演、创意设计、非遗传承课程模块为载体，旨在让学生感受艺术与审美的熏陶，发展学生发现美、感受美、表现美的能力，培养高雅气质，形成个人爱好与健全的人格。

潜能课程从深度上实现层级性的拓展，突出学生的优势潜能开发和特长发展。围绕潜能发现、兴趣聚焦、潜能开发、特长发展、志趣养成等，在科技、人文、体育方面进行特色构建。开设应用物理基础、生物工程基础、好玩的数学、智能控制等课程模块，对学生进行科学研究启蒙，提升学生发现问题与解决问题的能力。研发创客课程（卡魅课程），通过基于真实问题解决的探究式学习、基于设计的学习，综合应用科学、技术、工程、数学，让学生在看似杂乱无章的学习情境中发展设计能力和解决问题的能力。开设高级运动课程，发展突出学生的专项运动技能。

根据课程实施需求，北京中学各学期实行"大小学段制"。每学年分为两个学期，每学期分为两个大学段，中间设一个小学段，大学段 9 周，小学段 2 周。大学段以校内学习为主，小学段以学生自主活动、综合实践与社会考察为主。课时则实行"长短课时制"，设置 20 分钟、40 分钟、60 分钟、80 分钟的不同时长，满足不同课程开设的需要。体育课、舞蹈课每节安排 60 分钟，音乐课、美术课每节安排 80 分钟，演讲微课程每节安排 20 分钟，其他学科按每课时 40 分钟安排。

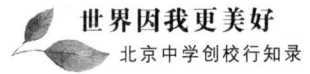

三、课程推介会

在学生只有 240 人的时候,北京中学开发出的各种选修课程就有 80 种了。所有这些选修课程都要有学生选才能开设成功,于是,像社会上那些展销会一样的"北京中学课程推介会"应运而生。

很多家长都没见过这样的场景:在学校的大礼堂里,教师们摆开"摊位",一个个像热情的推销员一样,用海报、道具、演讲等各种不同的方式向学生们"推销"课程的基本内容、特点和学习时间。

学生们呢?他们手里拿着一份课程学习指南,三三两两地在一个个"摊位"前,逐个比较,认真分析。在拿定主意之前,抓住老师不断地"侃价"。

北京中学在学生的时间表上刻意留出了不少空白。然而,刚开始选课的时候,学生们实际选择的情况却常常是把所有时间都选满了,以致他们繁忙的状况让不少家长都担心起来。

学校只好强制规定,每名学生每周必须给自己留下一定的空白时间,不许将自己的时间全部填满。虽然这又让学生们的选择变得更加艰难,但就是这样,北京中学让每个学生每个学期都要仔细权衡时间、精力、兴趣,做出属于自己的、艰难的选择。

四、改造教学

基于国内外一流教育实践"以学习为中心"的理念,北京中

全面而自由的成长
——什么样的课程体系能让学生的成长全面而自由？

学鼓励教师在课堂上遵循学思结合、知行统一、因材施教的原则，探索实施单元主题教学、菜单式教学。在课前课后，建立了导师制；在教前教后，建立了团队教学制。数字化学习平台，则在学校教与学的全过程中发挥着支撑作用。

（一）单元主题教学

单元主题教学以单元学习设计为基础，通过整体规划学习计划、阶段学习任务和作业，促使学生经"任务驱动，问题解决"，建立积极有效的自主学习机制。目前，全校在语文、英语、科学、社会等学科都实施了单元主题教学。

以六年级（上）语文学科的教学内容为例，教师将学生需要的所有课程整合为8个主题：亲近自然、珍爱家园、善待动物、热爱祖国、感念真情、领悟大师、泛舟诗海、眷恋艺术。选取7项评价内容，按照内容、次数，设计评价标准和细则。评价内容包括：日常积累、项目作业、阶段调研、拓展阅读、写作训练、诵读竞赛、学习状态，以"积分—星级—奖励"的方式实施评价。

配合单元主题教学，教师开发了学习单。每个单元的学习单首先确立核心问题，以"我们可以……"形成系列，围绕核心问题提出基本问题及解决方法，然后用"你发现……"构成学习的基本框架，围绕文本解读、积累运用、质疑反思、类似感受、探索发现等多层次、多角度进行，最后以写作作为本系列的小结。

单元主题教学丰富了上课的内容和形式，通过读书报告、诗词诵读、演讲分享、主题辩论等系列活动，激发学生的学习兴趣，教师则及时给予有针对性和可操作性的指点，形式活了，效果也更实。

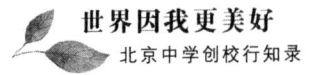

（二）菜单式教学

菜单式教学要求学科整合必修内容与选修内容，提供课程模块菜单，供学生自主选择学习，满足学生的个性化需求，实行走班教学形式。目前，北京中学在体育、艺术、技术与工程领域建设了学科群，实施了菜单式教学。

以体育课为例，体育教学探索"221 模式"，即在每周 5 小时的体育课程里，有 2 小时是国家体育课程的必修内容，培养学生的身体综合素质；有 2 小时是选修内容，有篮球、羽毛球、乒乓球、武术、舞龙舞狮、健美操、田径等多个项目，培养学生的运动爱好与习惯。对于有进一步发展需求的学生，提供中高级水平的学生身体素质训练课程，促进学生特长发展；还有 1 小时体能训练课，根据检测的学生体质数据，进行个性化有针对性的训练。

五、数字资源支撑

面对学生们对学习内容多样性、丰富性和选择性的要求，北京中学鼓励各学科教师积极开发电子教材，广泛使用应用软件（APP）工具，制作微视频，并指导学生自编学材。学校也积极引进各类数字化课程资源，以支持课程实施。

例如，科学学科、地理学科的教师都会自己制作电子书，并发布到维基平台上供学生下载，支持学生的自主预习。电子书不仅图文并茂，而且每一节都涉及阅读指导，插图、实验视频可随时更新，将学生、教师的实验过程、成果插入书中，学生不仅成为电子书的使用者，也成为电子书的创作者。

北京中学英语学科利用 APP 中的"盒子鱼"软件，支持学生的课外自主学习，并对学生的学习过程进行大数据追踪。几年下来，学生普遍超越了课程标准规定的同级水平，在听、说、读、写方面得到了全面发展。

此外，诸如碳足迹计算器、中国国家地理、fotopedia-中国、噪音测量器等 APP 资源也同样支撑着学生各学科的课内外学习，成为支撑学生开放性学习的必要条件。

六、慢课堂

如果习惯了传统学校大密度、高强度的公开课，那么，听北京中学的课，一开始总会让人有些不习惯。因为这里的课堂节奏显得"太慢了"，一切总是那么不急不慌。

在道德与法制课上，针对一个问题，老师会让所有学生发散思维，一个一个回答，答案不能重复。在数学课上，针对一道题的几种解法或一条原理的几种运用，师生思维交锋常常要往返几个回合。看上去，北京中学的老师们好像都不"急着"把教材里的东西讲完，而是对课堂上学生脑袋里发生的东西更感兴趣。

"几十年的传统，很多学校都擅长教书，但几乎所有学校都不擅长诊断学生。"李奕说，"理想的学生综合素质评价应该是一份关于学生学习的'病例'档案。在学生成长的每一个学段，老师们可以根据这些诊断，持续不断地给学生最需要的个性化支持。"

北京中学副校长周端焱说："传统课堂总是追求快节奏、大容

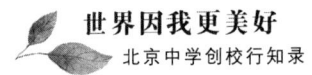

量、高效率，这样的课堂看上去快，其实很多学生跟不上，或者没有对准学生学习的点，从学生成长的长期价值看，效率其实是低的。课程跟着人走，就不应该追求一节课的高效率，而是要追求对学生成长的长期价值。"

2017年，美国高科技高中（High Technology High School）校长在给北京中学学生做项目学习辅导时，曾要求每个学生写下自己从小到大印象最深刻的一次学习。结果，绝大多数学生写的是实践性学习：水长城边的露营、西安之行、河南之行等；还有一部分学生写的是自修课、免修课；很少有学生写课堂上的学习。

多年来，课堂上的学习一直是学生学习的最主要形式，但好像没有给学生们留下深刻的印象。相反，那些看上去费时费力、给人感觉不是"学习"的学习，却让学生们几年后说起来还是那么激动。

夏青峰说："慢课堂，就是少教多学，课堂上别急着教什么，关键是要鼓励学生自己去学。不在教学内容上贪多，而让学生在不太匆忙、不太繁杂的知识学习中，感悟到更多的东西。自己用心去体验和探究，我们感觉这才是教育的真谛。"

"让每一个学生通过主动学习，亲身经历知识的发生过程与综合运用过程，以激发对知识和学习的兴趣，获得结构化的知识体系，从而提升学生的思维品质，促进学生提高学习能力、实践能力和创新能力。"任炜东说，"这是北京中学教学追求的目标。"

百 年 学 校
——一所学校该以什么样的姿态走向百年？

2018年6月，北京中学东坝校区的杏果儿熟了，粉黄中带着玫瑰红的果子缀满了食堂门口的两棵杏树，远远看去仿佛是食堂门口站着两个身着盛装的礼兵。教师和学生来来往往，任谁见了这两棵杏树都忍不住嘴角露出一丝笑意。有的小女生经过时会特意在树下多站一会儿，也有小男生伸长了脖子去闻树上诱人的果香。可是，直到杏果儿熟透了掉在地上，也没有人伸手去摘。

在这片校区里，不仅有杏树，还有西红柿、辣椒和玉米，都是师生们一起种下的，满满当当铺满了学校的东墙根儿。

在田地里劳动的学生是比庄稼更好看的风景。走进果园菜地的孩子们毫不惜力，翻土、间果、扎篱笆……土肥脏了白色的运动鞋不管，汗从额头顺着两颊流下来就用袖子擦擦，直到所有活都干完了，轮值的几个孩子一起站在地头，满面红光望着果园笑，像极了守在自家地里看着劳动成果的农民。

从一开始，北京中学的管理团队和教师们就认定这所学校未来将发展为一所世界级的名校。文娟说："从学校创办的第一天，我们就一直在思考，如何将学校发展成为百年名校。"教师们对学校的这种信心，同样可以从大家在创办一所世界级中学的讨论中

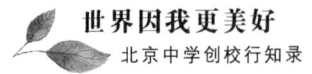

一览无余。

在世界范围内，百年名校的形成意味着百年以上一代又一代人的持续努力。成功与否取决于国家社会发展的时代机遇，取决于核心人物的励精图治，还取决于在学校发展进程中发挥决定影响的关键事件。然而，究竟什么样的发展路径才是最佳选择，当时身处其中的每个人都无法百分之百地确定。

一、百年策略

百年的方向眼下无法确定，如何走向百年却可以达成共识。在一次又一次的全校大讨论中，北京中学全体教师确定了学校走向百年的发展策略，一共有四项，即文化立校、民主治校、学术兴校和开放办学。

（一）文化立校

文化立校，就是通过文化的形成，促进学校的持续发展。夏青峰说："创办一所学校，实际上就是创办一种文化。"

北京中学确定的校园文化主要包括两个方面。

一是根的文化。要求全体教师在基础教育阶段，不能急功近利，要安下心来打好基础，包括人文基础和科学基础。在人文方面，在中小学阶段，要把学生身上那种善良的东西积淀深厚；在科学方面，要培育学生创新的能力，充分激发学生的创意。这个阶段要求教师一定要安安心心地回到教育的原点，思考创新人才

百年学校
——一所学校该以什么样的姿态走向百年？

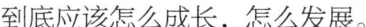

到底应该怎么成长，怎么发展。

二是信任的文化。北京中学强调，老师和学生、家长之间要相互充分信任。老师们相信，这种信任会自然地影响家庭和社会，从而在学校内外形成和谐关系。

2013 年，在孩子们开学后不久，家长们就拿到了北京中学的门禁卡。拿着这张卡，家长们可以进入北京中学的每一间教室。

无论是在西坝河校区还是在东坝河校区，北京中学的校门旁都有一处专供家长休息的地方。不论冬夏，休息室里的空调永远开着，茶水和报纸备着，甚至手机充电线和上网电脑也一应俱全。很多接送孩子的家长常常送完了孩子晚走一会儿，或者来接孩子的时候早来一会儿。早晚之间，家长们相互之间也变得熟悉起来。

"一开始，有家长不放心，跟孩子一起来上学，旁听每一节课，后来渐渐地来得就越来越少了。"刘乃忠说，"在教育孩子这件事上，我们认定家长是同志。"

说起学校的信任文化，语文组一位老师提起了让她流了眼泪的一瓶水。到北京中学之前，她是另一所学校的骨干，一次回原来学校参加区里的教研活动，老同事说："哎呀，来晚了，没来得及申请你的水。"那一天，这位老师在原来学校没有喝上一口水，说到这里的时候，她的眼眶红了。"我很理解，在原来学校，制度就是这样，组织教研活动，几个人要几瓶矿泉水都要提前打报告申请，没有申请，就是取不到水。"这个为了调到北京中学放弃了申报更高职称的教师说，"在北京中学，组织教研活动，教师只需要在校园后勤系统里填写一张简表，到了时间，需要的物品就会出现在该在的地方。"

"这是一群人在一起干一件事的氛围。因为信任，北京中学的

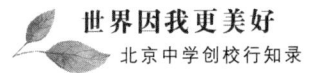

老师们工作都是全力以赴而不是尽力而为。"她说。

"越信任，越安全。"为了强调这个观点，邓珩伸出一根手指郑重地举在面前，"还记得建校前老师们争论要不要在教学楼的楼梯拐角放瓷器吗？5 年了，全校两个校区，将近 1000 个孩子，瓷器只打碎过一个。"

（二）民主治校

北京中学的教师们认定，教育是生长而不是加工。教育生长的力量，来源于内在的、主体的，所以，学校的发展要让每个参与其中的人都能贡献自己的力量。这种共识决定了北京中学对民主治校的推崇。

事实上，从学校创立开始，北京中学校方牵头组织，先后在校内成立了学术委员会、家长委员会和学生委员会，并在校内决策过程中，尝试多方议事的机制，实行民主办学、民主治校。

北京中学的学生委员会从一开始就是学生们自主成立的。为了减少成立学生委员会过程中教师的作用，学校管理团队特意向后退，先让学生成立一个选举产生学生委员会的筹备委员会。这就是说，学生委员会委员的竞选条件、产生方式都由学生们自主决定。

2014 年 2 月的一天早晨，由学生组成的筹备委员会在学校走廊里贴出了北京中学学生委员会竞选的第一张海报"要成立啦——北京中学学生委员会"。

在这张海报上，学生委员会筹备委员会贴出了经过几天讨论后大家确定的学生委员会竞选条件，包括：第一，具有一定经验，

特别是管理经验或组织过各种活动；第二，必须具有服务精神，愿意为同学和学校积极工作，积极开展各种活动；第三，基础成绩优异，没有太大的学习负担；第四，有较强的组织能力，具有领袖风范，善于与人交往；第五，能沉住气，能承受别人的误解，敢于承担责任；第六，热爱这项工作，锲而不舍，坚持不懈；第七，有胆识，敢于与领导对话，敢于坚持自己的意见；第八，自律性很强，能够做到自我管理；第九，有敏锐的思想，对事物有客观判断的能力，能坚持自己的是非观；第十，具有牺牲精神，能为学生委员会牺牲自己的一些时间和精力。

这些六年级的学生还列出了学生委员会招聘的具体职位，分别是"主席 1 名，副主席 3 名，秘书处 2 人，文体部部长 1 人，学习部部长 1 人，宣传部部长 1 人，生活部部长 1 人，质保部部长 1 人，外交部部长 1 人，广播部部长 1 人，风纪部部长 1 人。"总计 14 个职位。

那个早晨，很多老师都看到了这张让人印象深刻的竞聘海报。夏青峰也站在海报前看了很久，而且越看越高兴。

他从这张海报里读到了这些六年级学生的思维方式与思维轨迹。"第一条，是关于经验的，看来他们意识到搞管理，还是需要经验的。第二条，表明他们能有一个很好的定位，管理就是服务的理念，哈哈，看来已经深入孩子们的心中。第三条，看来他们认为学习还是最重要的任务，在学业非常优秀的情况下才能腾出时间做管理，这不是学而优则仕吗？这条可能会拦住很多人啊！'我学习成绩虽然不好，但凭什么我就不能参与管理啊？'他们如果面对同学这样的提问，该怎么回答呢？他们这些条件会征求同学们的意见吗？他们是搞独裁还是搞民主？呵呵，我拭目以待。

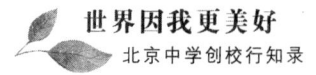

第四条，突出领袖风范，好啊，可是领袖风范是什么呢？找机会与他们聊聊。第五条与第六条，说明他们知道做委员会的工作一定会碰到困难的，一定会有误解的，很高兴他们能提到'沉住气、承受误解、承担责任'这些词语。我们经常要教育孩子，并对孩子们讲一些道理，其实这些孩子们并不比我们糊涂多少啊！我特别欣赏第七条，虽然我知道，接下来我将面临着挑战，但是我真的希望能多一些这样的挑战，希望孩子们能与我平等对话，据理力争，能说服我。第八条与第九条，孩子们明白自我管理、以身示范的重要性，明白客观性、独立判断能力的重要性。第十条，我明白孩子们知道他们将面临着选择。因为学校有很多选修课，而他们要很好地开展起委员会的工作，就必须放弃一些选修课，放弃一些自己的自由时间。"

2014年2月28日下午，北京中学首届学生委员会选举如期进行。30多名学生成为候选人，角逐14个学生委员会的职位。在学生委员会筹备委员会的组织下，学生们穿着礼服，逐个有序地走进"投票房"，一个接着一个认真地画圈并庄重地投下自己神圣的一票。5位同学承担了计票的任务，并当着全体候选人的面宣读了选举结果。

这次选举，学校管理团队唯一的干预是建议学生委员会增加3个职位。这是出于对学生委员会未来整体工作的考虑，因为在竞选过程中班级之间出现了很大的不平衡现象。

宣布选举结果的时候，夏青峰偷偷观察着孩子们的表情。"哈，毕竟是孩子。高兴、失望的情绪都写在了脸上。"

2014年3月5日上午10点50分，北京中学全体师生集中在报告厅，召开了首届北京中学学生委员会成立大会。

17名学生分别走到台前,接受校长颁发的聘任书。夏青峰与每一个当选的委员合影留念。每个孩子在做了简短的发言后,学生委员当选主席王敬雯发表了就职演说。

各位同学们大家上午好:

今天我竞选的是北京中学学委会主席一职。我来参与竞选的目的只有一个:我希望能够为同学们做些事情。相信在同学们的帮助下,我能胜任这项工作,正由于这种内驱力,当我走向这个讲台的时候,我感到信心百倍。

在参加我们班班级管理的过程中,尤其是参加竞选后,我明白了许多道理:做任何事都要有强烈的责任感,要认真履行自己的职责,才能无愧于心。在管理的同时,绝不松懈对自己的要求,要树立一个良好的榜样才能让同学们为之信服。当然,参与这份工作时一定要有耐心,要顾及同学们的感受,不要去品尝"高处不胜寒"的滋味。否则,会给今后的工作带来许多困难。即使有困难,也应勇敢面对。

著名作家罗曼·罗兰说过一句话,只有先相信了自己,然后别人才会相信你。我想有足够的信心来相信自己。我有能力更有自信,能以新的方法带领同学们走向一个新的层次。世界上没有完美的人,我也不例外,但是我会尽量减少自己的缺点,同时也希望每个人都能提出我的不足,让我能正确认识自己,完善自己。

成为主席,是一种荣誉,更是一种责任。虽然我未曾触及这份责任,但这份责任所给我带来的那种"可以为同学们做些事情的"光荣感,是令我向往的。我知道这条路上有许多挑战,但我自信我有能力担起这副担子,因为我的热情,我的毅力,我实事

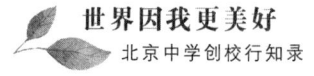

求是的工作态度，能真正做好这份主席的工作。

成立大会所有流程结束后，夏青峰做了即兴发言。

老师们，同学们：

今天，对于我们北京中学来说，是具有历史意义的一天，它是要载入学校史册的，因为我们在自主管理和自主学习方面，今天跨出了一小步，但这个一小步也意味着一大步。

为什么要做这样一些事呢？孩子们，其实我们心中清楚，我们不断地学习，其中一个很重要的目标就是希望有一天，自己不需要老师与家长们的帮助，而能够独立地处理很多事情了。老师们非常期盼孩子们能够早日具备这样的能力，但是任何能力都是在自己的实践和体验中获得的，现在学校就想搭建这样一个平台，提供这样一个机会，让大家去实践与体验。

首先说说学生委员会成立的这件事。非常感谢全体同学理解这件事、支持这件事和参与这件事，因为大家都去投票了。非常高兴，我们有31位同学自己主动去报名了。报名不报名，全在于自己的选择，有些同学考虑了很多因素，这次没有去报名，这都是可以和没关系的。31位同学主动报名了，不管最后是竞选成功了还是没成功，也都没关系，这就是一种体验和经历，经历本身就是一笔财富。整个竞选的过程，几乎都是同学们自己组织的，这真的很棒。学校行政唯一干预的一点，就是当发现当选名额在班级之间不均衡的时候，为了照顾到各个班级今后的工作与权益，我们将14个名额增加到了17个名额。学委会成立后，主席、副主席，包括各个部长的选聘，都是孩子们你们自己纯粹按照民主投票产生的。事实证明，你们有这个组织能力与民主选择的能力。

祝贺我们17位同学竞选成功。既然获得了同学们的信任，就一定要肩负起这份荣誉与责任。我对你们提出几点希望与要求：

第一，要增强你们的主动意识。我希望能将整个学校的管理都放给你们，也就是说学校的方方面面，从早上进校开始，到晚上同学们回家，包括上课、课间、各个课程、体育活动、社团活动、食堂吃饭等各个方面，你们要有所分工，全方位去关注。不断地去观察与思考，哪些地方合理，哪些地方不合理，你们要不断地跟我们对话。你们一定要主动地找我来对话，而不是我去找你对话。你们要建立一个机制，然后通知我，跟校长说，我们要跟你进行多少时间的对话，我一定会想方设法地满足你。千万不要等我去找你。如果过段时间，我说："这个学生会成立以后，怎么到今天都没有动静呢？"我去催主席、催副主席、催部长，这个事儿你该管一下，那个事儿你该做一下，那你们就被动了。一定要主动去找我们，找老师，增强自己的主动意识。那么学委会究竟要做些什么事呢？我不知道，你们自己去琢磨与探索该做些什么事。

第二，要增强你们的服务意识。千万不要把这个当官来做。这是一个岗位，一份为同学们服务的职责。一定要多想同学们的困难，多帮助同学们解决一些问题，然后主动地跟同学们多沟通。学校管理的事情，一定不只是你们17个人的事情，智慧是在群众之间的，一定多和其他同学沟通交流。

第三，要增强你们的协调意识，或者叫协调能力。一方面，要协调好你们自己的时间和精力。在学校的每个孩子，学习一定是最重要的，不管你原来怎么样，你必须要保证你的文化课成绩好，如果你的文化课成绩老不行的话，那么一定要下苦功夫，把它提高上去。但是要进行学委会的管理与服务，就必须要牺牲一点自己的时间和精力，这就需要协调，怎么协调，就要看你们自己的智慧了。这也是自我协调的一种能力。另一方面，要协调好跟同学之间的关系。由于你们的各种管理和服务，肯定与有些同学的意见是一致的，有些又是不一致的，你们要想办法把这件事儿协调好。同时，你们还要协调好与班委会之间的管理。校委会跟班委会之间是一个什么关系，相信你们能够协调好。这么一说，好像很难，但实际上只要用心去做，我相信你们17位委员一定能做好的。

同时，我还要对全体老师和同学提出要求。这是我们新成立的第一届学生委员会，谁都不知道要做什么事儿，只能是我们一边向前走一边摸索着，摸着石头过河。所以，我相信全体老师们一定能够支持首届学生委员会的工作，一定会全力支持与不断帮助。老师与孩子可能有意见不一致的地方，老师们一定要多听取孩子们的意见，多想孩子们所想，多站在孩子们的角度去考虑问题。同时也希望我们全体同学们，既然你们投票选举了，既然我们参与了，也一定要支持首届委员会的工作。不可以冷嘲热讽，不可以说一些风凉话。大家齐心协力，让我们的校园生活更好，我们的各种能力得到提升。

这是我们学生委员会的事儿，我们期待着、向往着首届学生委员会一定会给大家带来更多的活力。这次聘任是一学期，聘书上是写到9月30号，也就是说，到9月的时候，你们还有一项工作，就是如何筹备成立下一届的委员会，你们可以连任也可以改选，这是你们要做的工作。到9月为止，也就是到10月，新的委员会就要成立了。谢谢大家！"

也是在这次大会上，北京中学颁发了编号为"2014001"的学校历史上第一份自修证书。从挂牌开学的第二个学期开始，北京中学就鼓励学生根据自己的实际情况申请学科的自修。自修分为多个层级与层次，比如对某一学科，可以申请一周不上课，也可以申请一个月或者一个学期不上课。

一名学生第一个递交了英语自修一学期的申请。在这个学期里，所有英语课的教学，他都可以不去听、不做作业、不参加考试。在同意这份申请之前，学校对学生的英语基础、听说读写能力、学习态度和自主学习能力进行了测试和评估，并审核了学期自修计划。那天，夏青峰对全场同学说："我们希望会有更多的学生向学校提出申请。"

（三）学术兴校

夏青峰说，所谓学术兴校，就是教育一定要按照规律去办，要按照社会发展的规律和人的成长规律，去思考它们的结合点在什么地方，不能急功近利。

苏州大学博士毕业生、青年教师余国志说，教师有两种，一种是技能型教师，一种是研究型教师。技能型教师可以熟练地教书，研究型教师不仅要熟练地教书，还要钻研教育规律，研究学生，探索可验证的育人模式。

关注北京基础教育的人会注意到一个趋势：近年来，在北京各校每年公布的招聘公告和录用公示里，从名校毕业的硕士、博

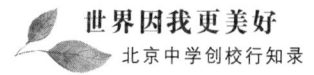
世界因我更美好
北京中学创校行知录

士等高学历的人才在增加，非师范院校、非师范专业的人才也在增加。

任炜东说，北京中学定位为实验性与改革性，迫切需要建立起一支具有专业研究能力的人才队伍。在这一点上，市、区两级教育行政部门和学校的观点是一致的。在朝阳区教育工作委员会书记周炜、教育委员会主任肖玟、政府教育督导室主任王元的支持下，北京中学每年都会面向清华大学、北京大学、北京师范大学等名校招聘博士毕业生，同时也面向全国积极引进特级教师和骨干教师。

林琳说："北京中学浓厚的学术氛围在筹备期日复一日的备课磨课中就已经形成。以后每一年，教师队伍不断在扩充，浓厚的教研氛围一直保留了下来。开学头3年，全校范围的教研活动，每周要进行两次。现在学生多了，校区也从一个变成两个，但全校一级的教师教研每周至少还要进行一次。"

游走在北京中学的校园，办公室、图书馆、咖啡吧、茶室、食堂餐桌……老师们聚在一起，家长里短的闲聊少，聊学生、聊学科、聊技术的话题多。以至于，新来学校的数学正高级教师汪和平感觉："脑子里如果没有装着三五个专业问题，连桌都上不去。"

（四）开放办学

正如陶行知所说，不动用社会力量办教育是无能的。夏青峰说："开放办学能够将各种资源引进来，打破围墙的边界，吸取各方力量的支持，让学校和社会形成合力，同样是办学关键要素。"

在北京中学，图书馆和大礼堂的使用频率是极高的。很多

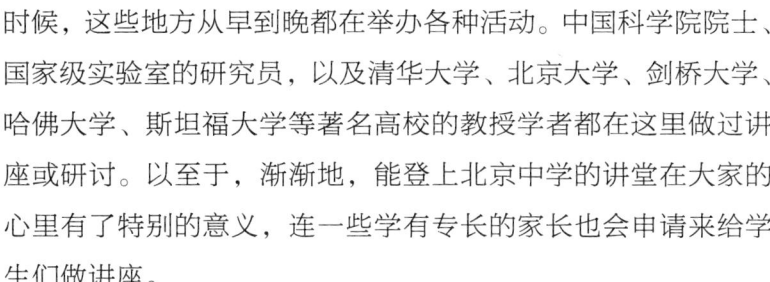

时候，这些地方从早到晚都在举办各种活动。中国科学院院士、国家级实验室的研究员，以及清华大学、北京大学、剑桥大学、哈佛大学、斯坦福大学等著名高校的教授学者都在这里做过讲座或研讨。以至于，渐渐地，能登上北京中学的讲堂在大家的心里有了特别的意义，连一些学有专长的家长也会申请来给学生们做讲座。

北京市教育委员会和朝阳区教育委员会有意识地把一些全市全区的教研活动安排在北京中学，这让余国志、刘洪涛等一批刚刚从高校毕业的博士们感到非常兴奋，"这里真的是一块基础教育研究的沃土。"

二、为创新型人才成长奠基

创新型人才培养是北京中学在创校之初就选定的教改突破方向。如何培养学校有着适合创新型人才成长的沃土？如何发现学生的创新潜质？如何在一节课上激发学生的创新意识？5 年来，北京中学教师们发表在各种期刊上的研究论文里，有关创新型人才培养的内容很多。

在北京中学的教师们看来，并非取得大的发明创造的人才是创新型人才，生活中每个公民都有这种创新精神，都应该成为创新型人才。而在中小学阶段，学生们的创新意识、创新需求特别旺盛，这个时候需要教育者做的就是一定要提供帮助：帮助学生发扬创新精神，帮助学生激发创新意识，帮助学生提高创新能力。只有这样，学生将来才会成为创新者。

显然，这是一个系统工程。

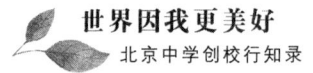

世界因我更美好
北京中学创校行知录

三、支撑创新型人才成长的五块基石

很多时候，人们关注一所学校首先观察的是其课程体系、教学体系、评价体系，但北京中学的教师们认为，实际上，价值体系更为重要，学生的世界观、价值观和人生观将在学生成长为创新型人才的道路上指引方向并提供持久的动力。北京中学要求所有学生一定要坚持社会主义核心价值观，一定要把中国优秀的传统文化积淀深厚，涵养在心。树立正确的价值观，被全体教师确定为学校创新型人才成长的第一块基石。

创新型人才，一定是不怕失败，不怕挫折，心中有安全感，能够不断地激发自己的好奇心，敢于表达自己最真实的思想。北京中学的教师们认为，创新型人才成长的第二块基石应该是宽松的氛围，要让学生在校园里敢于表达自己的想法，必须在校园里建立良好的师生关系。师生关系好了，学生的心情自然舒畅，创意才有可能不断地被激发出来。

孩子具有创新意识，但如果没有很深的文化底蕴，这种创新意识也是难以激发出来的，所以，创新型人才成长的第三块基石是丰富孩子的阅历，要让孩子多经历一些事情，多体验和学习一些东西，以打牢基础。

创新精神一定是在创新实践中形成的。北京中学的教师们认为，只讲创新是没有用的，创新型人才成长的第四块基石是提供创新的平台，让学生不断地进行各种创新活动，用创新精神、创新意识去学习、工作，创新精神才会发展。

在教育改革中，评价是最难的。但没有有效的评价机制，创

新型人才的成长就会受到制约。由此，北京中学的教师们认定，创新型人才成长的第五块基石应该是科学评价。

这5年里，北京中学对教育评价的探索包括：个性化评价、激励性评价以及多元性评价。

个性化评价就是对个体进行纵向评价。北京中学的教师们认为，每个学生都是不同的，不能拿一把尺子去衡量所有的学生，教师手中要多几把尺子。多一把尺子，就会多出一批人才。教师要善于发现学生的优点、缺点，对学生的整个自我成长进行记录，比如这个阶段表现怎么样，那个阶段表现怎么样，建立学生的个性化成长档案等。

激励性评价就是教师对学生的评价一定要有激励性，关注学生是否通过评价而获得动力。北京中学的教师们发现，一个人成功的最大障碍是他心目中的权威人物对他的否定。如果教师对这个学生进行肯定，那么这个学生就会获得动力；一旦教师对其否定，就很有可能阻碍学生的发展。

多元性评价就是评价一定是多元的，方方面面的。在北京中学，学业评价是针对每门学科进行的，每个学科的教师都要给每一个学生写评语。所以期末的时候，北京中学的学生不是只拿到一张考卷，还有一叠纸，每个学科（包括音乐、美术、技术、服务等）针对孩子的方方面面，都有教师的评语。

北京中学副校长刘乃忠说，适应科学评价的需要，北京中学在校内实施了学分制和星级评价制度，对学生学习进行基本评价。北京中学采用学分制，学生的学分由基础学分、拓展学分、荣誉学分构成。学生获得的学分用于对学生的评价、毕业资格认定，以及各类评优奖励。学校鼓励学有余力或希望多方面发展的学生

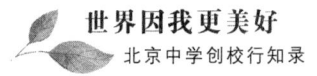

修习更多的选修课,获得更多的学分。

"对学生的学习过程评价,北京中学实施星级评价制度。"刘乃忠说,"按照不同学科、不同学习阶段,教师设计了评价项目,包括:项目作业实验操作、研究报告、纸笔测验、口头表达、拓展阅读、成长表现(知识掌握、聆听意见、承担责任)等。"

四、面向多数的创新型人才培养

传统的面向少数学生的创新型人才培养,更像是在学校中开辟一个特区,实行特殊的选材、特殊的资源配备以及特殊的成长路径,加速是这种培养模式的显著特征。而北京中学从创立的那天起,就明确要探索对更多学生有意义的创新型人才培养模式。

5块基石奠定了校园内教学组织的基本框架,但依然不完整。夏青峰说,掐尖加速不是北京中学的追求,在北京中学创建之初,市、区两级教育部门对我们的期待是为更多学生提供丰富的营养。一方面,需要把更多的资源引入校园,把学生的视野打开;另一方面,更需要突破书本、教室、教师和校园的界限,引领学生走向大自然、大社会、大世界,让学生去经历,实现知识与生活的联结。

对于这一点,中国古人早已有言在先,"读万卷书,行万里路"。简而言之,就是阅历。从2013年9月挂牌开学以来,北京中学就设立了阅历课程。在古人"读万卷书,行万里路"的基础上,根据现代学生核心素养要点,又增加了倾听和表达两方面的内容,形成了阅历课程"读万卷书,行万里路,听万家言,说万家事"的主线。

（一）让阅读成为一种生活方式

帮助学生养成阅读的习惯，提升学生阅读的能力是学校教育重要的职责之一。如何做到细水长流，让学生每天都能阅读，每天都享受阅读的快乐？

北京中学采取的办法是校长和教师带头读书，并让学生感受到校长、教师每天的阅读。在北京中学的教室里，老师更多的不是在教室里来回巡视，而是捧起书，与学生一起静静地阅读。

有看书的兴趣，还要有看书的条件，北京中学对学生阅读的条件做了具体的规定。在学生校园作息时间中，每天留给学生自由支配的时间，让学生有时间阅读；校园图书馆中，不断添置新书，让学生有书可读。

添置图书时，北京中学不会成批采购，而是让老师与学生推荐新书，学校每周购买一些，让图书馆始终有新书出现。图书也不是只放在图书馆，而是在学校的各个走廊里都放置了图书，所有学生都可以自由借阅、自觉归还。

条件只是可能，要让师生在阅读长路上持续走下去，还需要形成促进阅读的机制，包括阅读指导机制、分享交流机制以及激励评价机制等，直面师生阅读生活中遇到的问题，不断优化，帮助学生逐步养成自觉阅读的习惯。

（二）聆听世界的声音

志在世界的北京中学学生需要聆听世界的声音。北京中学在成立之初，就设立了"北京中学大讲堂"（以下简称 BA 大讲堂），

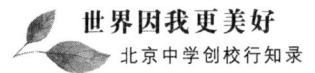

邀请社会各界知名人士、专家学者为学生做讲座，每月举行两次，每次一小时。

建校 5 年来，北京中学学生已经听了近百场专家讲座，内容涵盖政治、经济、军事、外交、科技、艺术、体育、文学、哲学、医学、环保、传统文化等。讲座者包括院士、大学教授、著名主持人、外交官、作家、医生等。

为了尽可能地开阔学生的视野，北京中学选择专家讲座的内容主题广泛，注重让学生接触到世界发展前沿或社会发展热点的信息。讲座人也注重中外融合，既要有国内的专家，也要有国外的专家，在北京中学 BA 大讲堂的讲台上，已经出现了哈佛大学、剑桥大学、麻省理工学院以及斯坦福大学教授的身影，真正让北京中学的学生身在小校园，心系大世界。

学生们并非只是 BA 大讲堂被动的接受者。北京中学规定，学生对 BA 大讲堂的讲座有选择权，即每学期 8 次讲座中，学校允许学生有两次可以不参加。而且，如果学生有意愿，BA 大讲堂的讲台同样属于学生，学生可以登上讲台和同学分享自己的研究成果或学习感悟。

（三）表达观点

在多极化的世界，表达与交流是国与国和谐相处的基本方式；在多元化的社会交往中，表达与交流同样是人与人之间达成共识的基本方式。出于这样的考虑，表达交流在北京中学建校一开始就成为学校各科教学都高度重视的基本训练。

北京中学为学生系统设计了演讲、辩论、戏剧以及微信公众

号等平台。学校会定期开展班级、年级直至学校一级的中英文演讲比赛，学生自愿报名参加，但每年每名学生都必须当众演讲一次。学校设立了辩论社，几乎每周都有辩论赛活动。在戏剧教育方面，学校不仅在课程表中设置了每周两个课时的戏剧课，每年还会举办戏剧节，让所有学生都上台合作演出戏剧作品。学校鼓励学生创办自己的微信公众号，北京中学的微信公众号也会定期分享学生的作品，引导学生坚持写作。

（四）行走的课堂

2016年11月，教育部等11个部委联合下发了《关于推进中小学生研学旅行的意见》，这是国家层面对学生研学旅行教育价值的认可。在这份意见发布前3年，北京中学小规模实验办学方案中，已经列入了学生研学旅行的内容，并精心策划了三个系列："亲近自然""博物馆课程""中华文化寻根之旅"。

"亲近自然"活动一年举办两次。春季的"亲近自然"活动定于3月28日举办，简称"3.28活动"。与一般春游活动不同，该活动是学生带着老师走，策划与实施活动的任务都交给了学生们。秋季的"亲近自然"活动由学校策划和组织，时间在中秋节后，内容包括露营、野炊、攀岩、越野、野外科考等。

"博物馆课程"活动每学期实施一次。北京是中国的首都，博物馆资源非常丰富。北京中学要求教师根据每个学科自身的特点，确定与学科知识相关的一些场馆、实验室，编写博物馆学习指南。每学期的活动，由学生选择参加学科教师推荐的场馆或实验室活动，以学科组为单位，打破年级限制，组成临时研究小组。除了

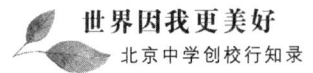

全校集体走进博物馆外,"博物馆课程"还包括北京中学鼓励的教师在平时带领部分学生走进场馆,或者将课堂教学移到场馆中进行的课程。

在北京中学挂牌开学的第一个学年,游历就已经纳入了课表。每学期,在北京中学的课表中都有一周的时间是行走在校外。这个被命名为"中华文化寻根之旅"的系列课程在每年五一前后和11月中旬进行。

中原文化、秦陇文化、齐鲁文化、吴越文化、徽州文化、巴蜀文化、丝路文化……循着文化的脉络,每到一个地方,全体师生都要对中华文化在不同历史时期、不同地域中的特定表现进行深入探究。

"随着阅历课程的开展,学生的学习方式得到丰富,学生的视野得到拓宽,学生的底蕴得到丰厚。"刘乃忠说,"这是中华优秀传统文化和社会主义核心价值观在学生心里生根发芽的阅历,我们相信随着学生爱国情感、责任意识、创新精神和实践能力的提升,学生朝向全面而自由的发展,将获得更丰富的营养,更丰沛的能量。"

师　　心
——教师面对学生的时候心里在想什么？

在一个城市，一名学生在集体出游时为一名教师打伞，照片被路人拍下后放到社交媒体上。一时之间，这名教师遭到了全国各地上百万人的谴责：老师怎么能让学生打伞呢？

在另一个城市，一名教师在集体出游时给一名学生打伞，照片被路人拍下后放到了社交媒体上。很快，这名教师又遭到了全国各地几十万人的谴责：教师怎么能让班上有特权生呢？

在又一个城市，学校集体出游，烈日下，教师和学生都没有打伞，照片又被路人拍下放到了社交媒体上。很快，在这所学校所在的城市里大家纷纷议论，那么大的太阳，老师和学生都不打伞，真的是对学生缺乏关爱，太不人道了。

这并不是寓言故事，而是在当代中国发生的一系列真实的事件。中国已经拥有了人类有史以来最大规模的国民教育体系，在当今中国社会中，有数以亿计的接受过教育的劳动人口和数以亿计的正在接受教育的学龄儿童，以及数以千万计的教育从业者，在中国历史上，教育从来没有像今天这样与几乎每一个家庭休戚相关。

全国教师都见证了那名学生伞下的教师在电视镜头前的哽咽，那是一位深受学生爱戴的班主任。学生主动给她打伞，只是

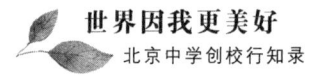

表达他们对这位自己喜欢的教师最朴素的爱，正像孩子们彼此熟悉了以后，互相分享食物一样。

一件事情澄清不难，一系列事件对教育者心理的影响却已经很难挽回。全社会范围内的高度关注，让一切教育行为被置于聚光灯下审视。如今，让一名教师在大众面前敞开心扉已经不再理所当然。然而，专业的观察者都明白，如果不能走进一个个具体情境下的教师的内心，必定会错过学生们不经意间在教师心上刻下的美丽痕迹，错过那些教育本来应该有的样子。

当一名教师面对学生，内心里究竟在想什么？在夏青峰的日记里，有这样一段独白。

前天傍晚，我看见一组孩子在体育器械区那边拍摄，拍摄的那位竟然骑到了一个很高的器械上，在高处对着下面拍。我的心吊到了嗓子眼，生怕他摔下来，但又不敢叫。一是不想打扰他们拍摄，二是怕大声嚷了会让这孩子难堪。

我走近他们的时候，他们也是很礼貌地跟我笑着打招呼，骑在上面的那位神情自若，没有一点感觉不对劲的地方。看来他是真的没意识到他的"错误"，否则的话，校长来了，一般都会赶紧"纠正"的。我细细看了他的坐姿，他的脚自始至终是伸在两根铁条的间隔里的。也就是说，他还是不会轻易摔倒下去的，看来他有着自我保护意识。我话到嘴边又咽下去了。心想，我们小时候不都是这样吗？那时候爬到多高的树上啊，不也没摔下来吗？这是否就是孩子的天性呢？我站在那里思想斗争了一会儿，还是微笑着走开，没有让那位"骑士"下来。

从筹建期开始，积聚一支高素质、有情怀的育人队伍就是北京中学的头等大事。在筹建周报中，关于北京中学人才队伍建设的专题会议数量也是最多的。2013年招聘季，对于这所区长明言要"举全区之力办好"的学校，朝阳区教育委员会甚至向各校传达了一个意见：凡是愿意到北京中学工作的教师，原学校不许拦。

筹建办公室主任王彪带队到当年的朝阳区高级人才双选会现场求才。参加双选会的特级教师一共30名，连学校都没有的北京中学竟然招走了其中的3名，以至于事后有人评价："王彪的'忽悠'能力太强了，只用块牌子就拉走了一批人。"

所有到北京中学参加过竞聘的教师都对这所学校的人文气质印象深刻。面试的时候，校园里有标识清晰的指示牌，每个环节会有专人引导。竞聘者等待的时候，还有专门的休息室，里面备有茶水、瓶装水和咖啡。

"我就是被那瓶水'诳'来的"，2017年新入职的博士刘洪涛笑着说，"去年竞聘了海淀、西城、东城和朝阳好几所学校，只有这所学校给竞聘的老师备了瓶装水，我当时直觉，这是一所尊重教师的学校。"

其实，刘洪涛去竞聘的那天上午，北京中学校委会还专门开会布置了下午招聘的接待细节。办公室主任李明回忆："那天，正好有调研组到北京中学调研，一般大家都觉得接待调研组更重要，可夏校长说，调研组来，就来一天，我们要招的老师是要在学校干很久的，对学校来说，招聘的教师更重要。"

一、两个创业中年

到北京中学前，高浩是安徽省一所有着6000人大校的副书

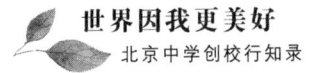
世界因我更美好
北京中学创校行知录

记。如果不来北京，一年后，他就可以担任一所学校的书记。

"我喜欢当老师，教书育人对我来说是一个高尚的事业。"坐在食堂餐桌旁说这话的时候，高浩脸上的神情温和却又透着坚定，"这是一所为改革而建的实验校，想当好老师的人肯定是想参与到这个过程中的。"

跟高浩一样都是数学正高级教师的汪和平，在到北京中学前也是一所规模学校的副校级干部。"当副校长都拴不住你"，这句话是那个市所在的教育局对他辞职决心的评价。对于自己45岁还要折腾的原因，汪和平说："就是想跟上时代的潮流。"

年过四十，远走千里，到一座陌生城市的新学校里当一名普通教师，两个创业中年都承认："刚来的时候是很焦虑的。"

"这所学校定位高，人才培养的要求高，压力是无形的。"高浩说，"特级教师十多位，博士硕士一大堆，每个人都有特长，在这个环境里只能不断进步。"

"来了才知道，这所学校的体育课比数学课还多，学生要学的东西多，学习的方式又不一样，逼得老师只能在有限的时间里，做出更有效的教学。"在常规教学之外，汪和平还承担着十几个竞赛学生的辅导。来校一年，每天都忙得马不停蹄。

"想干点事，做点贡献，对社会，对国家。"高浩和汪和平对视了一眼，揉了揉鼻梁，小声说。

二、前沿博士

在北京中学高一一班当班主任之前，余国志已经当了7年大学教师。还在写博士论文的时候，他就已经跟着导师朱永新跑遍了全国 300 多所中小学。

"从学生成长的需求看，教育的前端更为重要，中国的优质师资应该向前配置。"毕业前，在中国教育科学研究院、北京教育学院和北京中学之间选择，余国志的权衡带着明确的专业考量。

"我给学生开哲学逻辑思维课，这门课包括哲学入门、中西哲学史脉络、哲学的几次转向以及一些哲学大家和哲学著作的介绍。孩子们对这门课的兴趣很浓。"

余国志说话的语速很快，思维更快，讲到激动处时，被晒黑的脸上常透出兴奋的红色。对余国治开的这门课，学校给了足够的支持。每周三个课时，为课程开发提供条件，教研组还会和他一起研究学生思维发展的进展。

在国际学校联盟驻校审核期间，审核组专家对中国学生能在中学接触到哲学课程非常兴奋，因为哲学命题的终极思考非常有助于学生思维能力与思维结构的发育。

"我反对我小时候不喜欢的教育。"对于怎么当好一个班主任，余国志的想法特别多。他曾经在班里开"记者招待会"，回答学生提出的所有问题；他会给班里每个学生写"学情咨文"，每个人一份，每份 5000 字；他还定期寻找优质的在线课程，帮助学生克服拖延症……

来北京中学两年，余国志已经被学校推荐登上了中国班主任大会的讲台。不过令他最兴奋的是，这两年写下了 100 多万字的教育观察笔记。

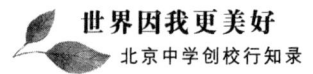

三、"土海归"

美术老师黄远是从北京中学辞职出国的。3 年后,她又回来了。"即便我辞职走了,学校领导也一直跟我保持着联系,询问我在国外的专业进展,也常告诉我学校的近况。"北京中学教师间那种家人一般的氛围让她念念不忘,一直未断的联系也让黄远从内心深处觉得自己一直没有走远,这让她回国后重新返校似乎变得理所当然。

跟随丈夫外驻法国巴黎的三年对一个美术教师来说宛如天堂。三年后再次回到北京中学,黄远给北京中学的学生们带来了一门在国际上很主流,但在国内大学都极罕见的新技术"使用者调研"——一种基于使用者调研发现问题并综合运用多方面知识解决问题的一整套科学研究方法。

这是"原创"必须经过的环节,恰恰也是中国教育尚为空白的环节。黄远说:"中国制造走向中国创造,缺环就在于此。"

中国过去习惯的生产流程是,先有一项技术,然后制成样品,最后是设计。黄远的课综合了项目式学习、问题式学习,要尝试多种材料,重点是让学生在真实情境中发现问题并解决问题。在这种原创过程中,艺术从终点变成起点。

现在连黄远自己都调侃她的课越来越不像美术课了。上这门特殊的美术课,需要精心设计生活情境,需要让学生通过使用者调研的科学程序发现问题,需要引导学生尝试综合运用大量物理知识和信息技术知识解决问题。"感性的美术与理性的设计融为一体,注入的是一种思维方式。"

师　心
——教师面对学生的时候心里在想什么？

学生们特别喜欢黄远的课,她的课在两个校区一周要排14节。有8年留学经历的她,还被学生们聘为法语社团和韩语社团的指导教师。这些"甜蜜的负担"让她在回到北京中学的第一年,除了上课就是备课,完全没有了其他时间。

"上完一节课,看到孩子们的反应心里特别满足,可下了课就傻眼了,完全不知道下一节课怎么上,赶紧要花大量时间去准备。"所有付出,核心的考量只有一个,"将来,他们会需要。"

从法国巴黎回国之前,黄远把家里经年积累下的满满一大袋硬币,留给了楼下一对从罗马尼亚来的难民母女。回国返校后,她认养了校园里的流浪猫,到了周末常会带着女儿到学校喂猫。"我希望我的学生们内心是松弛的状态,那种松弛不是懒惰,我们做事也认真,不过在内心深处总有一种温柔,坚强的温柔。"她换了一个优美的坐姿,眼神温暖,微笑着说。

四、学生最喜爱的老师

语文老师房树洪第一次在北京中学出名源于一次大阵仗。2013年9月10日教师节,只有80名学生的北京中学一下来了40多个外校学生,都是来找房树洪的。

由于人数太多,会面被安排在图书馆中进行。40多个学生排好队,一个接着一个向老师献花,祝福老师节日快乐。很快,房树洪手里的花就捧不住了,只好放在面前的桌子上,足足堆了两大桌。然后是合影,两个人的、三个人的、七八个人一起的……持续了很长时间,最后,学生们干脆把老师举起来,抛到了空中。

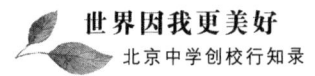
世界因我更美好
北京中学创校行知录

学生会怎样爱自己的老师？这一幕奇景深深印在了很多北京中学教师的心里。

　　学校规定，每名老师指导两个研究小组，然而竟然有三个学生组同时选房树洪为指导教师。这个幸福的烦恼让他无法取舍：一个学生在春天就和他有了约定；一个学生研究课题大气，选择老师执着；一个学生学习意愿强烈，盛情令人感动。学生们除了不断表达"舍我其谁"的愿望之外，还利用各自的"关系"，认真地做着公关工作。学校想出了几种方案，包括做学生的思想工作，导师帮谈，甚至进行现场答辩等，几经考虑，最后做出了一个也许是最明智的选择：三个全保留。房树洪说，我很清醒地知道这对我来说意味着什么，后来的过程也证明了我的担忧不是无缘由的，不过，当时我毫不犹豫地答应了，道理很简单：珍惜学生的这一份信任。

　　"2013年教师节那天，有个学生说了一句话，我差点儿掉了眼泪"，房树洪回忆说，"学生对我说，'你来这里，我们就放心了'。"说话间，他的眼圈红了。"我总觉得对孩子们的爱还不够，他们就这么爱我了。"

　　一年后，北京中学评选学生最喜爱的老师，房树洪还是高票当选。

五、教师荣誉体系

　　2018年秋季新学年，北京中学推出一套教师荣誉体系。党总支书记任炜东是这项工作的牵头人。

师　心
——教师面对学生的时候心里在想什么？

挂牌开学 5 年后，北京中学已经拥有百名教职工。这个仍在不断扩大的教师群体，来自全国 20 多个省（自治区、直辖市），大家的教育经历、成长背景、能力特点各不相同。

"如果不给任何限制，你希望在学科教学中做哪些尝试？"在应聘时，几乎每个教师都曾面对过这个问题，每个人都谈了一套自己的想法。然而，每个人都有想法是一回事，让这么多有想法的教师一起工作就是另一回事了。

"人是关键"，任炜东说，"从学校筹建时期开始，招一批什么样的教师来实施学校的办学目标一直是各级讨论会上的焦点。"

开学第一年，北京中学要求只有骨干教师才能上北京中学的讲台，新招聘的青年教师上岗前必须接受高强度的入职培训。朱小蔓、朱永新、成尚荣……一批国内有影响的教育家不断来到学校，分专题、分课题给全校教师做培训。

前三年学生人数少，北京中学规定每周二和周四举行教师培训会或全体会。在专家培训之外，让特级教师和青年教师分享各自的成长经历、教学经验和核心教育理念的形成过程。

北京中学搭建了很宽的成长平台加速教师的专业成长。经过争取，学校成为教育部"国培计划"的基地校，教师在校内做的研究课可以折算国培学分。针对每个学科，学校还聘请了区里的特级教师担任学科指导，手把手培养新教师。而在教师专业进修方面，学校不仅联系北京大学基础教育学院、华东师范大学基础教育学院进行教师集体培训，还给予全体教师每人每年都有的出京参加学术会议的机会。其中，骨干教师可以每学期出去参加一次。"学术兴校是北京中学这样一所实验校必须坚持的专业导向。"任炜东说。

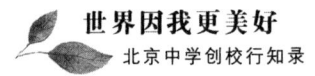
世界因我更美好
北京中学创校行知录

　　与很多学校不同，北京中学反对把教师绩效考核的标准定得过细。这条管理导向的内在逻辑在于，学校管理团队认为，人才不是管出来的，只有激发一个人的内在成就动机，才能让教师迸发出更强大的能量。

　　"夏校长有一句话在学校很有名"，任炜东说，"'每一个老师，在你分管的领域，你就是校长'。北京中学相信每一名来到学校的教师都是从心里想把这份事业做好，这句话就是北京中学信任文化的代表。"

　　相比给约束，北京中学更愿意给信任。教师荣誉体系就是在这样的氛围中被提上了议事日程。讨论中的北京中学教师荣誉体系中包括：评选"学生最喜爱的教师"，评选"北京中学十大年度人物"，以及给予优秀教师更多评职评先机会等。

　　任炜东说，这几年下来，外界对北京中学有一个特别的印象，那就是好像给北京中学任何一项任务，都能办得特别好。这是因为，北京中学的办学团队是一个优秀教师集合体。现在的北京中学，最大的特质就是，抛开整体，每个个体都特有能力。每个教师作为一个敬业、有思想的个体，战斗力太强了，给大家一个错觉，以为北京中学整体框架已经健全。其实，刚建的学校，一定有很多不完善的地方，有漏洞、体系、架构、规章很多都没有成形，需要走过一轮，经过反思，才能有一套大家都信服的理念体系。

　　"北京中学的人才环境打造得好。"5年后，当初为北京中学筹建费尽心思排兵布阵的朝阳区教育委员会时任主任孙其军对这一点很认可。他说，朝阳区从一开始就把人才强教摆在北京中学筹建各项工作中的突出位置，支持北京中学聚集了一批信念坚定、价值认同、善于改革、善于奉献、业务精湛的管理团队，以及一流的师资团队。5 年来，这支队伍以实现改革的执行力，赢得了家长的认可。

2014 年，北京中学挂牌开学一年后，当年入学试读的 80 名学生一个没走；2017 年，第一批学生面临中考再择校的选择，但全校所有学生没有一个择校离开。

"相聚是缘，工作一天就开心一天。鼓励创新创业的土壤，我们相信，是信任和包容。"说这话的时候，任炜东的脸上有一种极有说服力的笑容。据说，不少老师应聘时，见了夏青峰和任炜东，心里的主意就已经拿了一半。

附录：走进师心

为啥幽默？

沈夏炳

在我的课堂上，从来就是笑声不断，氛围轻松。

生见我端一杯茶水就问：老师您喝的什么茶？回曰：挦的树叶。生：……

后某天，生又见我端了一杯白水，主动说，老师我给您挦点儿树叶？师：……

一天见学生手缠纱布，于是问：小 Z，你的右手怎么了？生答，打球不小心撞了。师回曰，我看就是故意逃避考试。生：……

生回答问题错误，师做头晕欲吐状，生做关心状问怎么了，师答被气得快吐血了，要喝口茶压压血，生：……

一天生又答错，另一生劝老师，您赶紧喝口茶压压血，全班

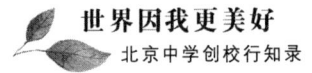

世界因我更美好
北京中学创校行知录

大笑⋯⋯

统测前,小J问考试题难不难,师答不难,你准备考多少分?J说60,师说90;J想想又说70,师说85;J咬着牙狠心说80,师说成交,至少80,J无奈答应。后每天见J,师就说80,J说能不能少点儿,师不为所动。成绩出来后,J得了80,师又得意地对小J说,期末至少85,成交!J⋯⋯

只会教学,不善交流,这样的老师缺少了一种基本的素养或者能力。与学生交流过程中不可或缺的就是幽默,它能迅速拉近不熟悉的人之间的距离,可以很自然地让学生有亲近你的想法,亲其师则信其道嘛!幽默可以是语言,也可以是肢体动作和表情,还可以借助道具。幽默和你的专业技能素养结合起来,能迅速拉近师生关系,才会在学校、在课堂、在走廊、在操场还原出生活的场景,这样做才是真实的生活原貌,而教育就在这里随时发生。在生活中,学会做人、学会生活、学会学习。

我们的名字

熊 伟

我不是孩子们入校的第一位语文老师,孩子对以前教过自己的老师还有着依恋,所以刚进入这个班的时候,我像个外来入侵者,他们带着各种防备在审视我、试探我,我明显感觉到距离感。我想这份距离感让我拘谨窘迫,让我不自在,我的学生想必也一样吧!

在开学第一课时,我和学生谈起了最近很火的一部电影《你的名字》,学生没有想到我会开启这个话题,他们滔滔不绝,畅所欲言,我发现他们就像电影中的高中生一样,有梦想有活力。总

师 心
——教师面对学生的时候心里在想什么？

结的时候，我鼓励了大家的梦想，希望大家每天不是被闹钟叫醒，而是被自己的梦想叫醒。我告诉大家：在实现梦想的道路上不是你一个人孤独前行，我们有缘在此时此地遇见，我就会伴你前行。可是要成为队友，请原谅我刚刚入队，有必要让我们互相认识一下，于是我开展了"我的名字"的活动。

我让大家用有"语文味"的方式介绍自己，我自己展示了一段文言版的自我介绍。当时我明显感觉到学生眼睛里的光亮，有了信任和佩服的神情。当时在课堂上就有学生从我的自我介绍中发现了我的爱好和年龄，学生们一下就觉得和我的距离小了，后来很长一段时间他们给我取了个昵称，喊我"熊姐"。

我告诉大家可以仿照我的示例写文言版自我介绍，也可以自己创造谜语版、诗歌版、对联版等，我不忘这是语文课，即使自我介绍也要有"语文味"，我适时鼓励大家"你们的前任语文老师特别告诉我咱们同学很有才华"。孩子们个个摩拳擦掌，兴趣高昂，第二天交来的自我介绍让我惊艳不已。

有个学生名叫王帅婷，她写了对联式的介绍："外有亭亭玉立之貌，内有果断统帅之才"，她还主动自荐当我的语文课代表，后来事实证明，她确实有"统帅"之能。另有一孩子名叫江梓明，他写了谜语式的介绍："一水一木日月精华"，课上让学生猜是班里的谁，待说到名字时，孩子们直呼谜语有趣，这样的介绍有才，后来在接触中不少发现他的语文才华。还有一个女孩名叫薛博睿，她写的是大气的诗歌式介绍："薛门望族，喜获千金，博学睿智，不输男儿。"我给她的评价是"小小的你有大大的情怀"，课后这个姑娘特意留下来和我说"老师你懂我！"

每个孩子的名字都是独特的，每个名字都有他自己的故事。

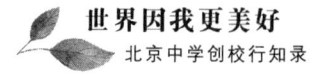

后来我把大家的名字介绍整理成了文档《我们的名字》发了朋友圈，写了一段话："新学期从认识你开始，认识你们从听见你们的名字开始，一见如故就是这种感觉。"引来了很多学生、家长和同事的点赞。很久之后，在学生的作文中还提到这次的活动，有学生说："这样别开生面的自我介绍让我耳目一新，明显感觉和老师、同学的关系近了，我喜欢这样的同路人。"也有学生在朋友圈的签名档里放着自我介绍的金句，还有学生开启了文言文写作的尝试。

后来，我常常和学生们一起写作文，然后像学生一样被他们认真评点。他们真诚地关注，恰到好处地评价都让我感受到自己对他们的影响，我就会觉得幸福。我也和学生一起讨论近来读的书，了解学生所读、所想。当学生发现自己和老师想法一致时，我们的会心一笑就是我的小幸福；当我们意见相左争论不休时，他们的坚持再读就是我的幸福，因为我知道他明天会给我带来新的惊喜；我还和学生一起评点社会现象、时事新闻、大众文化，这个时候学生会说："熊姐！你很'社会'哦，这个也关注。"我听到这样的评价也会很幸福，因为我会觉得自己仍然年轻，没有落伍。

其实语文老师的幸福很简单，和学生一起在生活中感受语文，看到孩子在语文学习中获得成长，就是一名语文老师的"小确幸"。

走 近 学 生

高 畅

走近学生，本可以来得简单真实。朱小蔓教授讲过，与学生要真情流露。我也是到北京中学来后，这三年才学会了与学生如何相处。

以前总觉得与学生有一种距离感，那种存在于师生之间的距离感。感谢学校，感谢学校搭设了很多师生能够密切交往的平台，我们共同阅历、共同露营、共做课题、共同设计社团活动等，正是这些共同的经历，让我有机会与学生在课堂以外的环境中接触，有机会看到课堂上我们看不到的东西，越来越发现，他们很可爱，他们很智慧，而且我现在坚信学生的集体智慧一定比我强。

我会经常征求学生的建议，比如进班级了，学生问："老师，今天我们学什么啊？"我说："你说呢？"她们说讲新课吧，我说那就讲新课。她们说需要慢一点，那我们就慢下来。考试考什么，怎么考，我也会问问学生的想法。非常幸运，我找到一种解决问题的方法，当我在课程建设及在教学中遇到困惑时，我就会去找学生问问他们的意见。在课堂上与学生真实地相处，坦诚地说出自己的感受，不掩饰自己，自然而单纯地表现自己，发自内心地喜欢他们是学生能感受到的，有时批评有时呵斥，讲得有道理他们是能接受的。

何乐不"为"

房树洪

想当初，我一眼就相中了黄为，能成为她的语文老师我已经感觉很幸运了，没想到惊喜不断：她是我的课代表，我是她的导师；她参加了"红树林"文艺社，我开讲了《水浒》。这次的河南之行我们同行自然顺理成章。

一个非常有才气的小女孩，虽然平时更多的只是眨着大眼睛，可是内心里却隐藏着一颗要强好胜的心。开始她们的研究课题很大气，但是小姑娘们可能觉得过于厚重，便想改变课题。我适时地抛出了对联，得到了大家的一致赞同，可是课题名称叫什么呢？之前一直宣称"我负责写日志"的黄为眨着大眼睛说：对联中的美景。我期待的结果出来了，黄为进入了研究的状态。

她酷爱写东西，急于把自己的真情实感记录下来，并且通过微信及时传递古都的风土人情。相比之下，似乎对课题的研究不是那么专注。我的失望写在了脸上，也留在了她的心里。其实她是因为去年的西安之行没有去，所以还不太了解课题应该怎样研究，她对自己要求很严，发言不求多，但求语出惊人，一个不允许自己失败的女孩。

行程继续，她也渐入佳境。将有景无联的内容重点研究，充分展示了她的文学和书法功底，一幅幅自己创作、自己书写的对联作品，赢得了师生及家长的好评。

在龙门石窟劝慰好友时的那份真诚，在洛阳牡丹园发现姚黄时的那份惊喜，在回程高铁上默默看书时的那份专注，都是丰富多彩人生的真实体现。

天下无双

房树洪

记得就是那一次期中后的简单交流，随后，姚无双在各个方面都取得了很大的进步。惊叹于她时时挺立的身姿，说话时优雅的气质，以及洋溢着的那份自信。

就是这样的无双，在第一站龙门石窟，竟哭得像个泪人。这

师　心
——教师面对学生的时候心里在想什么？

里的景致似乎激起了她浓厚的兴趣，于是，她便想将更多的镜头留下来。在一尊莲花宝座旁，她兴致勃勃地想把自己的倩影留在自己的平板电脑（iPad）里。没想到 iPad 一下没有拿住，重重地摔在了地上，那碎了的屏幕仿佛就是碎了的心情。泪水从石窟一直流到了白居易墓，其实她伤感的绝不全是摔碎的 iPad，而是遗憾那可能摔碎的珍贵的记忆，那里面存有多少难忘的故事呀！

天下无双就是与众不同。她很快从悲伤中站了起来，逐渐沉浸于对联与美景的世界里，续写着同样精彩的现在。仔细地观察，认真地思考，广泛地采集，有序地整理，收获也就自然越来越丰富。当遇到困难的时候，她会用心倾听别人的建议，及时进行修改，时而凝神思考，时而点头示意，尤其是那张标志性的笑脸，传递着这样的信息：忙并快乐着。

她做事很有分寸感，能照顾大家的情绪，这在同龄人当中确实难能可贵。几经修改的结题报告很好地展现了传统文化与现代生活的有机结合，她挺拔的身姿与垂立的对联相映生辉，形成一道别样的风景。

佳 玥 真 行

房树洪

她给我的最初印象是从头开始的，那编的一条条的小辫，整齐地盘在头上，再加上女孩子很难得的带有磁性的声音，那份古典美一下子吸引了我。

河南之行，她的任务是很重的。除了需要完成和别人一样的工作外，她还要准备参加论坛的主持和环保演讲比赛的全区总决赛。所以，晚上就成了她最忙的时候，例行的消防演习之后，紧张的工作就开始了。先要和全组同学研究课题，因为她还是研究的主力呀！因为我还要指导两个组的课题研究，所以每次见到她的时候，都已经是十点多了。

我十分犹豫，孩子太辛苦了。她似乎很能理解老师，当我问她累不累时，她总是淡淡地一笑：还行。白天在车上的时候，她就开始一遍又一遍地背稿，晚上主要是演练现场的感觉。从表情、动作到语气、语调，都需要反复地演练，这份不易，别人可能很难理解。

在嵩阳书院，她与同伴采访了一个又一个游客，认真倾听，详细记录，获得了许多第一手的资料，那专注的目光，得体的举止，都很好地体现了她们的研究主题——儒家思想中的"礼"。

饭桌上，她与同学以茶代酒，喝的是茶香，醉的是生活。

活力"林黛玉"

房树洪

袁鑫怡是个看起来柔柔弱弱的小女孩，我对她的第一印象觉得她就应该是生活中的林黛玉吧！开学第一天，我试探性地问她："可以帮我把这张调查表发下去吗？"第二天，我接着试探性地问："可以帮我把调查表收齐了交给我吗？"第三天，我依旧试探性地问："你明天还愿意将今天的作业给我送到办公室吗？"每次她总是瞪大眼睛看着我，用黛玉式的腔调说："可以。"不久，我有幸旁听了三班的班委竞选，袁鑫怡是唯一竞选课代表的同学，而且是语文课代表，她的理由同样简单：语文挺好玩的，语文老师也挺好玩的。后来她告诉我，这是老师第一次用这样探寻的语气让她做事情。没想到，就是这"三问"，让我得到了一个很好的语文课助理，当然，在这样的探寻中，我对她的理解与信任也与日俱增。一次，我拿着一个通知在班里转了一圈，因为没有找到适合贴的地方，就失望地回去了。第二天，我发现墙上多了一张彩纸，上面写着"语文墙"，袁鑫怡说，老师，以后这就是咱们语文的地方。还有一次，中午的演讲由于没有协调好，出现了冷场，失望又一次挂在了我的脸上。第二天，班上又多了一张彩纸，将每月的演讲主题写在上面，下面有日期，接收同学的报名，一下子就将半学期的演讲活动安排好了，给我这份惊喜的当然还是袁鑫怡。在"红树林"文艺社，她是忠实的参与者，在排演的过程中，我又发现了袁鑫怡热情奔放的一面，动静结合，这才是她的全部，她是更有活力的"林黛玉"。我不在的时候，她就是语文老师，一板一眼，神似。跳国标舞的时候，她特意来邀请我参加，那一袭红色的长裙，多像一朵红花，在眼里，在心中。

善 良 的 心

房树洪

一个很偶然的机会，我成了她的导师。还清楚地记得，她原来上课的时候，经常和同学窃窃私语。一次，我讲了一个诗词专题，名字叫"等待"。讲完之后，我说我可以等。等到婧彤同学明白应该如何上课，虽然已经等了很长时间，但我还是很欣慰。能够成为她再选的导师，说明我的等待是有价值的。

为什么我的等待有价值？因为她的善良。她很喜欢说，经常

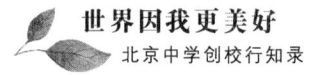

说得眉飞色舞，喜笑颜开。可是一旦进入课题研究，她也会马上沉下心来，与小组同学商量切磋。属于自己的任务，她会一丝不苟地完成。当老师提出修改意见的时候，她也会欣然接受，立即调整。

有一次吃饭，她非常不踏实，我批评了她；她拿着别人的相机随便拍照，我又制止了她，可她依然和我很亲近。她能很快明白老师的心思，要照顾别人的情绪，不能影响别人的工作，可以真实地感受到她在不断地进步。

她也特别能体会小组同学的努力，尽自己最大的力量完成课题研究工作，开始担心得不到展示的机会，得到了机会又担心展示不成功。功夫不负有心人，在顺利完成任务的时候，她长长地吐了一口气，脸上露出了欣慰的笑容。

一名美术教师的2018年教学总结

黄 远

从2017年7月到2018年7月，再次回到北京中学已有一年。从忙乱到忙而不乱的一年。

对我个人而言，也是正式安家立业的一年。2017年年初从法国回来，由于先生在苏州有工作上的安排，一家三口并没有直接回到北京，而是先在苏州经历了三个月的"软着陆"。现在想来，是非常有意义和幸福的三个月。三年的法国生活，让我几乎每天都沐浴在西方文化艺术的魅力之中。从第一次走进奥赛博物馆看到印象派的众多真迹开始的震撼，到每周末一个博物馆、艺术馆的喜悦，再到生活中无处不在的艺术与生活的自然。再到后来，

师　心
——教师面对学生的时候心里在想什么？

多了些思考，我们的艺术呢？中国的传统文化艺术在哪儿？还好在苏州看到了我想要看到的，让我知道我们的文化艺术的根还在，而且以更加现代的方式融入现代人的生活之中。

2017年6月蒙学校领导的信任，再次回到北京中学，一边办理入职的一些手续，一边着手安家。考虑到孩子还小，想多一些照顾，就把家安在了离学校路程10分钟的地方。现在看来也是一个明智的选择。在北京能够10分钟到家真的有种莫名的优越感。

2017年9月正式开始工作。说实话开始的时候真的是慌了，毕竟老师们经历了这几年的时间，基本上各自的课程体系是建立起来了。我要从头开始。尽管有很多想法，但是如何跟课标结合，如何跟学情结合，而且是初一、初三、高一三个年级。跨年级，有时候还要跨校区上课。经常是费力地备好了一节课，上完了，马上开始愁下一节课怎么上。然后回家还要照顾孩子，因为孩子的奶奶从老家来，刚从公职退休下来，身心上有各种不适。我尽量保持理智和优雅，不被工作生活中的问题搞得一地鸡毛，但是也只是看起来还好，内心真的是乱了，又忙又乱。还好，生活总是充满着希望的。在工作上，学校并没有给我太大的压力，给我很大的空间去找到方向；在生活上，多些理解就好很多。逐步走上正轨，找到节奏和状态。

七年级的课是综合材料艺术设计，就第一个项目"陶瓷的再生"而言，要求孩子们把一件陶瓷作品打碎，解构，加入别的材料，重组。东坝校区的孩子在材料的使用上表现出了惊人的创造力，完全不按常理出牌；西坝校区的孩子表现得就谨慎了许多。但是在作品汇报的时候，西坝校区的孩子们的语言表达能力、逻辑思维等又明显地表现出了优势。所以，了解到学生情况的不同，

世界因我更美好
北京中学创校行知录

后来的课即使是同时开展相同的课题，在指导上也要有所侧重。对于东坝校区的孩子们，除了鼓励发挥他们原有的优势外，还增加了语言表达的思维深度的训练；对于西坝校区的孩子们，则更加鼓励他们大胆地使用一些非常规材料，让材料为其带来灵感和创新。

九年级和十年级都是美术鉴赏的内容。上第一节课就发现竟然有不少学生还认为美术就是画画，所以后边花了些精力让孩子们认识到美术除了画画之外还有很多，并且尽量让孩子们动手实践以设计为导向的美术课，也是北京中学美术课的基本定位。九年级和十年级虽然只差一年，但是学生在思维和认识上表现出了差异：十年级的孩子更外露，九年级的孩子更内敛。而这样的差异在课上作品上都会表现出不同。十年级的孩子更擅长做个人项目，而九年级的孩子则更擅长做团队项目。为了让孩子们知道设计不是凭空想出来的，是一个理性的发现问题解决问题的过程，我特意增加了我研究生时期的一些学习内容——使用者调研。调研的方法不仅仅是大家熟知的问卷调查，还介绍了4种更加科学合理的调研工具和方法。但这一次的尝试是失败的、痛苦的，推进得很费力。过程中不断感慨甚至抱怨孩子们的问题，学科的分别心、功利心等，越抱怨越难推进调研项目。后来痛定思痛，发现其实问题还是在我，我把项目的范围给得太大了。"为使用者设计一个产品"，使用者由学生自己定，设计什么由学生自己定，本来是想给学生多一些选择的权利，但忽略了这是孩子们第一次接触"使用者调研"的概念和工具方法。应该先做一个明确的限定，例如"为视觉障碍者设计一个水杯"，视觉障碍者作为使用者的话，他们使用水杯时的问题和需求是什么？用什么样的调研方法？找

师　心
——教师面对学生的时候心里在想什么？

出问题，解决问题，让孩子们先尝试一下之后再做自定义主题的设计会好很多。在项目环节的设计上，也应该是每一步都明确指出要做什么，达到什么样的效果，时间节点是什么时候，学生还是处于一个形成思维和习惯的过程，开始项目以后，指令性的语言要多于描述性的语言。只要明确每个任务，学生都是有办法找到答案的。

就这样，在不断地自我否定中，一个学期过去了，触底反弹，到了第二个学期明显地感觉到状态好很多，无论是我自己还是学生，甚至有些学生表现出了出乎意料的好状态，在作品的呈现上也是非常棒的。第二学期七年级依然是综合材料绘画，孩子们对于这种比较前沿的绘画体验已经比较熟悉，对于新的项目也能够多一些思考和投入。九年级和十年级的内容按照规定依然是美术鉴赏，这学期主要是建筑。在建筑知识学习结束后，开始建筑项目。吸取之前的经验，在任务节点上明确目标，层层推进，基本上每个班都有不错的呈现。这个项目结果固然重要，但中间的思维过程也是重点，是一个基于真实情境的设计任务。"为某种情境而设计的遮蔽物"，学生观察生活，从真实生活中找问题，然后用艺术设计的方法解决问题。课程做到这里其实轮廓越来越清晰了——STEAM 理念。基于 STEAM 理念的艺术设计，以艺术设计为切入点，从真实情境中找问题，解决问题，设计方案。之后，再结合其他学科，如数学的计算、物理的、信息技术等学科的知识实现方案，完成制作。很庆幸，虽然在课程设计之初我并没有明确 STEAM 的概念，倒是学生在制作中的感慨点醒了我。"老师，我怎么觉得这个项目越做越不像是美术课了，要用好多数学和信息技术的知识来完成。"

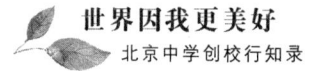

其间，我做了一次北京市的公开课是跟 STEAM 有关的。于是，我开始研究 STEAM，开始研究高中美术新课标，发现虽然 STEAM 是美国的一个教育理念，但却和我们的课程标准行为准则有很多地方是吻合的。美术学科的核心素养中提出"美术表现"，"通过课程的学期，学生能够形成空间意识和造型意识；了解并运用传统与现代媒材、技术，结合美术语言，通过观察、想象、构思和表现等过程，创造有意味的视觉形象，表达自己的意图、思想和情感；联系现实生活，结合其他学科知识，自觉运用美术表现能力，解决学习、生活和工作中的问题。""创意实践"中提出"联系现实生活，通过各种方式搜集信息，进行分析、思考和探究，对物品和环境进行符合实用功能与审美要求的创意构思，应以草图、模型等给予呈现，不断加以改进和优化"。STEAM 即科学（science）、技术（technology）、工程（engineering）、艺术（art）、数学（mathematics）的首字母，STEAM 理念倡导超学科学习概念，注重学习与现实世界的联系；在学科之间，相互支撑，相互补充，共同发展。在相互碰撞中，培养各方面技能和认知，强调主动探索精神。不断地深入研究之后发现，从美术学科着手实践 STEAM 教育理念还是比较有可行性的。与其他考试科目不同，没有考试的要求，可以相对更加自由地安排项目的形式。只是在项目主题的选择上确实是需要认真研究的。什么样的项目结合哪些学科的哪些知识点，我通过"项目引路"（Project Lead to the Way，PLTW）（专做 K-12 阶段的 STEAM 教育）找 STEAM 的项目，发现以艺术设计为切入点的还真的不多，这就是我接下来的主要研究方向，研究好的适合咱们学生的 STEAM 艺术设计项目。

5 月的时候，27 名芬兰学生来北京中学，学校安排我准备一

师 心
——教师面对学生的时候心里在想什么？

场美术课工作坊。用英语上一节美术课，还是很有挑战的。而当时我正好参加过一次朝阳区美术教研活动，接触到了木头人偶绘制的一些内容，需要设计，也需要动手实操，个人觉得很有趣，所以决定就让这些孩子绘制木头人偶。但是切入点是什么？一开始想的是设计几个可以代表中国历史的人物，并且也找了我们美术社团的学生亲自设计了6个不同时期的人物形象。但后来发现这个切入点太大了，想让学生通过6个人物形象的设计和绘制了解中国历史确实太贪心了些。经过和一些有经验的老师的探讨，最后把切入点放在了"唐代侍女"身上。大唐盛世，中国历史上的骄傲，也是文化艺术的盛世。从周昉的《簪花仕女图》讲起，到唐代女性的妆容、服饰、发型，与当代社会的审美大相径庭，之后给学生提供了很多的相关素材，让他们自己设计一个唐代的人物形象，先通过绘制和拼贴的方式完成设计草图，之后再绘制到提前准备好的白蜡木人偶上。

其实第一次用英语来上美术课还是有些怯的，但是看学生们的反应和投入的状态逐渐自信起来，他们对于我们的文化艺术非常感兴趣，他们对于这样的课程形式也很投入，原本1个小时的工作坊，持续了2个小时才结束。中间我提议如果没有绘制完也可以先停下来，拿回去找时间再完成。但是学生们真的是停不下来，直到全部完成并且做了展示。芬兰孩子们每人亲自设计并且绘制了一个唐代侍女人偶，并且还都给自己的人偶起了中文名字，有叫李玫瑰的，有叫吴日的，有叫点的，有叫快乐的，有叫好气的……非常有趣。两个小时的时间，这些孩子全程高能投入，其间还有学生问我素材（我提前准备的一些唐代绘画的素材《捣练图》等）上的那些人在做什么，她们对唐代很感兴趣，对唐代的艺术也很感兴趣，看得出这些孩子很享受这样的体验。其实，在学习国外的很多先进的教育理念方式的时候，我们的传统文化艺术也是可以并且需要输出的。

经过一年的时间，课程的体系正在逐步形成，生活也逐步走上正轨，从忙乱到忙而不乱，相信会越来越好。

琢　　磨
——教师的业精进是什么样的？

这 5 年，在北京中学的校园里，看上去每个人每天干着该干的事情，平静是大多数老师脸上最常见的表情。然而，如果看得再仔细些，就会发现那种表情其实并不是平静。无论是在操场上踱步，还是在食堂里就餐，老师们平静的脸上常常不经意间就会露出一种特别的神情，一种正在另一个世界"打仗"的神情。

"在 20 位特级教师身边教书，对一个年轻教师来说，感觉是幸福、温暖的。"余国志说，"教育既是一个经验的领域，也是一个需要创新的领域。特级教师本质是知识和技能资源库，我的任务就是在北京中学这块难得的教育改革试验田里学习，然后创新。"

在一大堆新近毕业的名校博士生身边工作，对很多特级教师来说也是新鲜的体验。政治特级教师范小江说："原来以为博士在中学、小学是人才的浪费，现在认同这其实是最大限度地挖掘学生的潜能，俗话说，'深入浅出'，知道远方才能向着远方。学校搭建起这样一个学习的共同体，对于我来说，学到学术上的严谨，看到未来学术的发展潜力；对于学校来讲，为培养中华栋梁奠定基础。博士知道学科前沿，就可以在创新型人才培养过程中，达到深入浅出，提高学生们的创新兴趣和能力，就像为什么在大学

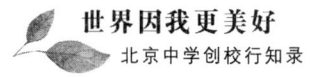

一定要让大师给本科生上课一样。"

从北京师范大学博士毕业入职北京中学刚一年，刘洪涛直言："我的同学们来看我，聊起彼此的工作状态都要吓一跳，说你这么忙啊！"

在北京中学当一名教师需要做的事情是很多的。在每天永远不打折扣的教育教学任务之外，北京中学要求教师们每周针对学校的问题举办一次教育沙龙，每周读一本书，每月做一次教育总结，每学期外出考察一次，每学期和大师对话一次。这个简称为"五个一"的学术要求，分别对应教育对话、教育阅读、教育考察、教育行走和教育探究。

"这就是一个正在高速运转的人才的核反应堆。"余国志说，"有太多事情正在老师们的脑袋里琢磨了。"

一、教育与生活的距离

"如果我的学生在试卷上能得高分，却不会写一张借条，我会觉得是我的失职。"语文教师王守英说。

"筹备期，语文教研组就确定了真实语文的学科理念。"她说，"对照 2018 年北京最新发布的高考改革方案，各科试卷文字阅读量达到 6000 字到 8000 字，而且考题内容和生活的结合越来越紧密，说明北京中学语文一开始确立的理念与高考改革方向完全符合。"

北京中学的语文学材取材于全国现有 8 个版本的教材，根据学生的素养要求，这些课文被整合成情感、阅历等六大主题。重视学生真实体验与语文的联系，是北京中学语文教学非常重要的特征。

琢 磨
——教师的业精进是什么样的？

王守英的语文课，前三分钟是学生们每节课非常快乐的期待。她常常会拿出一张用 iPad 拍摄的照片，问孩子们这是哪里；或者，有时候她会提问，从老师的办公室走到这间教室一共有多少级台阶，这些出人意料的小问题，常常让孩子们着迷。

冬天下雪了，她把班上的学生们带到操场边的亭子里，大家一起咏雪；秋天五彩斑斓，她会给学生们布置一期周作业，让学生们用一周的时间观察，写一篇《北中的秋》。

负责后勤的校长助理张东松看见校园里的一棵枯树倒了，就问王守英，节枯树桩有用吗？王守英立马说："有用。"

她领着班上的学生绕着枯树桩转了三圈，然后给大家出了一道作文题《生命》。有的学生看到枯树被生机盎然的绿树环绕着，说看到了生命的终结；有的学生想到留下的木材可以成为一个支架或者一段柴火，说看到了生命的另一种绽放。

"学习和生活是一张纸的两面，这些来自生活的毫不做作的素材往往是真实语文极佳的养料。一节枯树让学生们正确认识生与死，这就是有用。"王守英说。

高考要求阅读 12 部经典名著，《红楼梦》《水浒传》……这些经典名著的标准学案不是北京中学语文教学的终点，王守英常引导学生把书中人物放到真实的生活场景中考量。林冲的"忍"里有家庭责任的承担，刘姥姥的"可笑"里有生活所迫的无奈。"这才是人物。"王守英如此说道。

生活中，很多场景并没有语文、历史或者地理的区隔。在王守英看来，北京中学的阅历课程就是一个让学生们把生活与学习联系在一起的绝佳平台。泰山碑林既是历史遗迹，也是行书、楷书的模板；陕西秦腔，苍凉的歌声里既有故事，也有艺术。

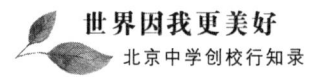

"体验性学习和联系性学习是北京中学一早定下的路，"她说，"北京中学孩子接受的真实语文撞上高考作文题，不是偶然的。按规律做事，就不是巧合了。只要我们一直走下去，一定会在一站又一站不知道哪儿反复相遇。"

生活中时常迷路的王守英，对把握学科的专业方向非常自信。

二、BETTER ME BETTER WORLD

北京中学的校训"世界因我更美好"的英语表述是四个简单的单词："BETTER ME BETTER WORLD"。英语教研组的史晶和谢菲菲两位教师都特别喜欢这个表述，因为这句很"中国"的话用英语表达出来显得特别"世界"。

北京中学 2013 年开学典礼的照片上就有外教。在北京中学，英语课常常是中国教师和外教同时在场。在北京中学的校园里，每周都会有七八场国际活动。史晶说，这样的国际化环境对学生掌握地道的语言和体验语言中不同文化的差异很有益处。

4 年前，刚到北京中学的时候，史晶就被告知，北京中学的英语教学不以考试结果为目标，不是只让学生考试成功即可，还要让学生成为健全的人，成为他们内心真正想要做的人，这样的要求让备课工作量变得极大。史晶说："第一年，除了上课之外，我全部时间都用来备课了。"

北京中学英语教研组将学生的语言技能聚焦到沟通、批判、创新和交际四个基本素养。谢菲菲说，用英语育人，就是要让学生有机会成长为有国际视野、能熟练运用英语、表达中国思想、讲述中国故事的栋梁之材。

北京中学的英语学材内容多精选于原版，以追求语言真实地道；北京中学的国际交流活动，很多接待任务由学生承担，以增加学生使用语言的真实情境；学校的国际交换生计划正在申请，目的是让学生在校期间就有跨文化的交流条件。

让老师们觉得欣慰的是，从一开始就有更高追求的未来英语，并没有让学生们付出当下的代价。在用中考试卷测试北京中学初二年级学生的英语能力时，他们的成绩已经稳居全区前列。

三、如何放手？

2017年，有一名家长找到班主任余国志，要求收走孩子手里的iPhone，因为在家长看来，孩子使用iPhone的时间已经失去了节制，余国志同意了家长的要求。可还是这名家长，学期末为了奖励孩子小号吹得好，又买了一台iPhone作为奖品给了孩子。

这听上去像一个笑话，但在余国志看来却有一个困惑着千万家长的真问题。相信孩子，家长就要放手，但这个手怎么放呢？

在余国志的班上，使用iPad的权限是分级的。第一级，完全自主管理，iPad在学生手里，由学生自主支配；第二级，限制使用，学生只能在规定的时间使用，并且iPad的后台硬性控制，不能使用聊天或游戏的APP；第三级，申请使用，学生需要使用iPad，需要向班主任提交申请。

这个使用权限的划分，不是余国志定下的，而是班级全体学生集体决议的结果。余国志说："家长不是永远的保温箱，有朝一

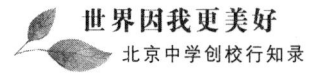

日孩子们走上社会,社会永远不会惯着谁,从现在起就必须教育学生为自己的未来负责。"

"信任学生,最优秀的学生当然要配最优秀的学习工具。"这是信息学科教师任志强针对信息设备的观点,"老师的作用就是教会孩子们如何跟这些工具相处。"

其实,哪里有压制,哪里就有反抗,如何应对家长的监控已经被学生写成文章广为流传。

"5年来,虽然北京中学使用信息设备的制度和管理程序越来越规范,但依然无法杜绝个别学生'翻墙',但老师们并不过分担心,因为大家从心里觉得对待孩子应该以自觉为主,技术手段为辅。"任志强说,"这个理念的坚持在于,学生最终要对自己的行为负责。"

四、打招呼

刚刚调入北京中学的时候,房树洪的心里满怀期待。走在焕然一新的校园里,早过不惑之年的他说,那时竟然感觉有一股青春的气息在身体内激荡,他像个孩子似地走来走去,时时被眼前的情景所感动。

欣喜之余,他却发现周围似乎有什么不协调的地方。当学生从他面前经过的时候,要么继续说笑,要么冷眼一瞟,只有极个别的学生点一下头,算是打了一个招呼。"这是我从教近30年来头一次遇到这样的情景。也许是偶然吧,可是一天天过去了,情形基本上大同小异;也许只是对我吧,可是许多老师也有类似的感受;也许是不熟悉吧,可是一些与学生有较多交流的老师也是一声叹息。"

"这应该是老师站出来的时候。"结合语文课第一单元的教学内容，房树洪安排了一个话题"感动"。"正是作者有一颗感恩的心，才会用心观察自然的一山一水、一草一木，并由此为人与自然的和谐相处而感动。"在课堂上，房树洪列举了许多班级中让他感动的细节：孩子们竞选班委时的倾情投入，讨论问题时的热烈场面，弯腰捡起一片纸屑，抬头送来的一个微笑……他对孩子们说，生活中有许多感动我们的地方，发现本身也是一种快乐，而且这种快乐是可以传递的。最后，他留了一个随笔作业：北京中学一周印象。

打招呼的同学逐渐多了起来。房树洪又安排了一个话题"微笑的魅力"。见面问候不仅是一种形式，还应该有真实情感的传递，而发自内心的微笑就是一种很好的语言。

微笑的问候就成了师生之间的常态。学生们给了这位新老师信心，他更进一步引导学生们：不要根据自己的心情好坏、需要与否来决定打招呼的对象、情状，而是要怀着真诚的心，真诚对待身边的人和事。

"我和我的学生们现在相处得越来越融洽，其实简单的问候蕴含着丰富的情感。秋风应送爽，学生的成长，需要老师的陪伴，更需要老师的点醒和引领。"他说。

五、健康第一

北京中学每年的学期安排永远将学生的身体健康工作排在第

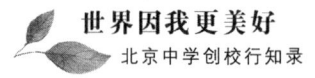

世界因我更美好
北京中学创校行知录

一位。听起来出乎意料，细究之下却又是情理之中。"健康是学生全面而自由地成长的基础。"夏青峰说。

北京中学学生每天的运动很充分。从周一到周五，每天都有一节体育课，每节课时长一小时，保证了学生的运动时间。在每天一小时的体育课基础上，学校打破班级限制，按照体育项目不同为学生提供可以自由选择的活动课，包括篮球、羽毛球、小足球、乒乓球、武术、舞蹈和田径等，即所谓的"菜单式教学"。

在项目的练习上，北京中学把运动量放在第一位，让学生们充分地运动起来，而不是总去训练技巧，或者总去欣赏别人的球技。体育组负责，在每周项目练习的同时，穿插安排每个学生都有两次机会到体能教室进行体能与力量训练，每次半小时的时间。实践证明，这对孩子们的体能提升非常有帮助。

除了每天课余一小时的体育运动外，每周上午还有半小时的大课间活动时间，其中有三天，学校会安排学生跳软体操，让学生提升身体的柔韧性、灵活性与协调性；另外两天让学生自由选择项目，只要充分活动起来并保证安全和不影响别人，做什么都可以。

除了体育课和体育活动外，每周傍晚，北京中学还有四次学生社团活动时间，每次一个小时或一个半小时，学校依然十分支持学生选择运动的项目。学生社团中，都是孩子们自发成立的篮球社、英语足球（教练是外教）、跆拳道等。

夏青峰说，孩子们正是长身体的时期，身体里充满着能量需要释放，让孩子们每天都能畅快地动起来，是我们的一点小愿望。如果孩子们能在这个过程中掌握一点运动的技能，养成锻炼的习惯，我们就非常开心了。

保证充分运动还要保证充分营养。一开始，在校学生少，北京中学可以让学生提前一周将一日三餐点好，学校会进行适当的营养干预，根据学生的订餐和食用情况，进行营养分析，指导学生健康饮食。现在，在校学生多了，北京中学食堂会尽可能提供更多的选择，让孩子们吃得好，吃得饱。

六、气质

夏青峰说，我们希望，从北京中学走出来的学生是有气质的。而气质，他认为是"熏"出来的，它需要在文化中浸染，在环境中熏陶。当然，也需要有一些特别的课程做支撑。

北京中学开设了话剧、国标舞与合唱课程，与很多学校不同，这些艺术课程在北京中学都是必修课。

北京中学的学生们非常喜欢话剧课。2014年，学生排演了一场名叫"融志"的多幕剧，学生们的表演让观众席中几位来自哈佛大学的教授连声称赞说："太好了，我在美国还没看见哪所学校能排出这样的话剧。"

而这部让哈佛大学教授们觉得一定排了很长时间的剧目，其实只是学生们利用了一个多月的傍晚时间排练出来的。这一次成功的演出，增强了学生们的自信心，大家也都跃跃欲试。于是，话剧课得以顺利开设。

夏青峰说，我们不想给学生们讲很多话剧的理论知识，关键是要让每个学生都能投入话剧的角色中，在实践中体验与感悟。同时，我们也不想让学生们一下子就去体验《茶馆》《雷雨》《哈

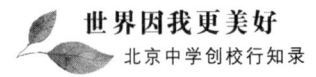

姆莱特》等经典话剧，总觉得那些内容离孩子们还很遥远。

北京中学请来了曾担任北京奥运会开闭幕式导演的于克为学生们讲解话剧。于导演建议先从体验成语中的角色开始，夏青峰对此非常赞成，希望学生们在学习话剧的过程中，能让自己更加开放而自信，不仅要学习表演，还要学习创作。实际上，第一场话剧演出成功后，好几个学生已经开始写剧本了。

国标舞课的开设，一开始并不顺利。在征求学生意见的时候，学生们，尤其是男同学都不愿意跳。学校又与家长们交换了意见，家长们对此倒是很支持。老师和家长商量后，提出还是要坚持一下。"孩子们也需要引导的。试着开出来，等孩子们都进入角色后再看看他们的反应。"

在北京中学，学校中的很多事情都会征求学生们的意见，绝大部分也都尊重了学生们的选择，但是在开设国标舞课这件事情上，老师们决定还是坚持一下家长和老师们的意见，引导学生去接受并喜欢上国标舞。"为了让孩子感受到老师们的诚意，在国标舞正式开课的时候，包括校长室的几位校长，还有几位老师，也都进入了课堂，当起了学生，与孩子们一起学习国标舞。"国标舞老师徐瑶说。

正如所预料的，学生们真正投入国标舞学习中去，倒没有人反感和反对了。所有学生都沉浸其中，很专注地学习动作。国标舞课终于开设成功。

附录：

故事的力量

范小江

  如果在适当的年龄，总有适当的书籍出现，那该是多么美妙的一件事。小时候，一些简单的连环画是我们最初的文学启蒙，尔后便是大部头的《三国演义》《水浒传》《说岳全传》……拗口的古白话，接踵而至的生字，给阅读带来不小的障碍，但我们猜猜读读，倒也乐在其中。可惜，"草根"阶层的我们也只有这几本书相伴了，再有趣的书，也会翻腻。所以更多的时候，童年是在阅读的饥渴中度过的，我们没有属于自己这个年龄的书。有多少未曾见过的风景，就这样无声无息地擦身而过。

  "某些东西必须在适当的阶段接触和学习。一旦错过，你就再也补不起来了，补起来也还是有一个疤！"不要让遗憾在孩子身上重复，他们应该有属于自己的阅读世界，我们要做的就是像斯蒂文森笔下的李利一样，在黄昏的街道中，架着梯子，点燃路边的灯，把一本本有趣也耐人寻思的故事书，带到孩子们面前。是的，我们点的不过是一盏灯，但却照亮了一个个幼小的心灵。

  在西方，讲述圣经故事的意义之一，就是挑战孩子们理解这个世界的方式，让他们接受有深度、丰富而温暖的智力栽培，"故事能塑造人格"（荣格）。鲁迅先生在《阿长与〈山海经〉》一文中，曾深情回忆少时阅读《山海经》的惊喜，"但那是我最为心爱的宝书，看起来，确是人面的兽；九头的蛇；一脚的牛；袋子似的帝江……"这些神话故事充满奇幻的想象，他跟着上下求索，神游八荒,读得如痴如醉,接受文学最初的启蒙。的确,这些久远的故事已经融入了中华民族的血脉,造就了一代又一代人的气质。世界最初是什么样子?先人们用盘古开天辟地等创世神话给出了答案,他们的想象之光照亮了人类的文明进程。孩子只要知道故事,深意的种子自然埋在心中,就看何时开花结果,也许会长成一片森林。

从前,最会讲故事的人,是远行的水手,是耕作的农夫。那些美妙的故事,口耳相传,曾经润泽了多少代人。但现在,我们身边很难发现还有一个能够地地道道讲好故事的人。本雅明甚至预言,讲故事的艺术行将消亡。所以,一位好的语文教师,应该有用好"故事"喂养孩子的意识。

也许,课堂一开始很不安静,但他绝不会"大声鼓掌,用高分贝的声音叫小孩听他说,他要每个小孩,都举起右手,顺时针方向转三圈;他要每个小孩,再举起左手,逆时针方向转三圈。做完了这些动作,全场鸦雀无声。"不,这不是课堂应有的沉静,是学生经过行为控制之后,突然变得呆滞起来。这不是专心,而是失心。相反,他会选择从孩子的吵闹中就开始讲述,把自己沉醉在故事的氛围里面,用故事吸引孩子得以沉静、倾听,或者借着故事来分享感受。讲完以后,他让孩子拿着笔、带着纸,四下去寻找他们自己的角落。当他们回到教室再坐下来,那种沉静,才是心灵运动之后创作的最好的时机。这时候,孩子们也开始了一段奇妙的想象之旅!

一天傍晚,朋友和五岁的女儿沿着一条乡间小路散步。女儿突然说:"爸爸,这条路好老呀!"朋友一愣,还没明白过来。女儿继续说:"它长了很多很多的皱纹。"他低头细看,原来一场秋雨过后，路面水痕交错，加上枯叶飘落，恰似一张布满岁月刻痕的脸，果然是路老了！多么别致的描述！黄昏下，这条路顿然有了生命，充满忧伤寂寥的况味。

创造性，其实就在孩子的心灵深处，那里到处是宝藏。我们要做的，就是把"语言当作一种艺术来教"，用自己的诗心点燃孩子的诗心，用好听的故事去吻醒他们的创造力，引领他们发现阳光会在妈妈的眼里亮着、小河在冬天会变瘦、水里有鱼的眼泪……孩子会还给我们一个又一个惊喜。

请无限相信故事的力量！

教师的作用

房树洪

在学生的成长过程中，教师应该发挥怎样的作用，怎样发挥作用，这些都是值得我们深入思考的问题。相信学生之间的影响力远远大于成人对学生的影响力，因为成人的能力，学生可以学习，可以崇拜，但不一定需要达到，而学生之间就不一样了，就因为是同龄人，别人的长处似乎就成了自己应该具备的。既然我们为学生搭设了各种各样展示的舞台，我们需要做的就是扶梯子，递凳子，设位子，亮牌子，让他们上得去，坐得下，站得稳，演得好。所以，我们的作用不是在台下指出学生有哪些不足，然后自己闪亮登场，而是发现学生的亮点，借助学生亮点将整个舞台点亮，老师应该成为最忠实、最理解、最懂行的观众。明星就是这样形成的，小星也是这样诞生的。

当高贺然将老师上次用过的用题目中的词语将全文串联起来

之后，我及时进行了表扬，理由是：学了之后就能用，而且用得活。接着，精彩不断。刘芙瑞采用模拟正反双方辩论的方式，将问题说深说透；郗雅琪采用课前采访的方式，将同学的态度和问题作为自己讲课的要点；姚无双则采用对网上搜集资料进行点评分析的方式，最后亮出自己的观点；郑荔文则用圈点批注的方式，进行多点比对，既在意料之外，又在情理之中。孩子们在复制中得到巩固，在创新中完成超越，这就形成了一个巨大的场。

哪个老师的智慧能够抵过20个人？古语说：一拳难敌四手，我们需要做的是，一拳激起水花四溅，百花盛开才是春。发扬孩子们的优点，就是在矫正孩子们的不足。

给孩子选择快乐的机会。从学习中能够获得快乐的孩子，他的学习动力就不需要担心，尽可能为更多的孩子找到快乐的学习方式，便是我们前进的动力。

崔敬实是一个酷爱自然科学的孩子，对于语文从小就不太感兴趣，课上他虽然时常有发言的愿望，可是每次发言的质量都不尽如人意，我很担心这样会消磨他学好语文本来就不多的勇气。终于等来了靠近理科的单元——"自然探索"，我特意安排了一个环节：生活中是否有些现象让你产生了什么疑问或是明白了什么道理？这下，快乐的机会到了，他第一个举手，颇为专业地讲述了飞机起飞降落的基本原理，边说边画图，还热心地解答同学们提出的相关问题，语言的清晰流畅让大家惊喜不断，他的脸上洋溢着幸福的微笑，感染着在场的每一个人，谈世堃、董卓新等同学的积极性也被调动起来。我为语文课堂的所谓非语文元素而兴奋，培养兴趣、启迪智慧，多么难能可贵呀！我说，崔敬实能够知道这么多的知识，和平时的细致观察、认真思考很有关系。后来，我就经常给他评价同学发言的机会，让他体会细致观察、认真思考对于顺畅表达的重要性。之后，他的学习热情高涨，语言表达水平也有了明显的提高。为此，他还爱上了话剧表演，《融志》中的精彩表现想必大家还有印象。

在"春风拂面"的学案中，有这样一段话：孩子们，春天已经悄悄来到了我们的身边，看着渐绿的树梢，闻着淡雅的花香，听着清脆的鸟鸣，真是心旷神怡呀！春天里的故事也是温暖的，想起来心里总会荡漾着幸福的涟漪。让我们找到"春天在哪里"，然后和着"春天的旋律"，迈出"春天的脚步"，在北京中学的校园里，感受春天、领悟春天、抒写春天吧！用快乐的方式学习，学习才能成为一件快乐的事情。

六年级下学期，安排了一个"童话世界"专题，重点研究"童话皇帝"安徒生。在了解作者，交代背景，熟悉作品之后，我特意将代表作《卖火柴的小女孩》留给孩子们表演课本剧。一方面，是因为许多孩子有表演的愿望和能力；另一方面，是因为这部作品中的情感是孩子们日常生活中很难体会的。这样的文章如果把握好了，并且能真实地表演出来，那么孩子们的理解鉴赏水平就能有一个较大的提高。学生们按照要求自愿组成了六个剧组，编剧、导演、演员一应俱全。排练的时候，最凄苦的小女孩反而最容易引发笑声，看来，孩子们还是没有完全理解。这可是全局成败的关键呀！我内心虽有了一丝担忧，但我还是不想过多干预，让孩子感悟作品，就需要耐心。所以我只是不断强调：好好看看原著，再用心体会一下。表演那天，服装、道具、音响等工作全部到位，那些平时欢蹦乱跳的小"公主"们，都变成了一个个苦命的卖火柴的小女孩，整个过程，没有一个笑场的，甚至许多孩

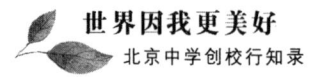

子的眼中还噙着泪花。流泪有对人物的伤感，也有对现实的珍惜。这样的情感体验，比老师细致深刻的分析更重要。许多时候，需要我们为孩子们搭建舞台，创设情境，让孩子们在一起慢慢揣摩，后来的科普剧表演也是如此，孩子们既在表演角色，也在成长自己。

孩子的成长有多难？

余国志

从 2016 年 10 月算起，我至今已经做了一年多的班主任，和一群正在成长的学生一起生活了 300 多天。尽管时间不算长，但在这几百天里，我一直在思考这样一系列核心的问题：孩子到底是如何成长的？他为什么会变成这样？他为什么会变成那样？他的表现为什么时好时坏？他到底是哪里出了问题？对这样一些问题的思考，也使得我逐渐明晰了一个人的成长背后一些可以观察到的事实证据。我要感谢那些信任我的同学，经常向我提供一些极为有用的真实素材。

每个孩子都有自己的不同个性。也就是说，由于家庭背景、知识经验、脑智结构等不同，个体的人与个体的人也不一样。教育与哲学中的人的概念，有一个最大的区别在于：教育中的人，是具体中的人，是哲学中的人，是抽象中的人。这是思考教育问题的第一逻辑起点。这个常识起点最重要，但不一定能获得更多的认识。说起来这是最简单的一条，但确实是最不容易执行的一条，因为你很容易找到比较。如果你和孩子走得很近，你就会发现，每个孩子的成长轨迹都不一样，每个孩子思考问题的视角也不一样。所以，基于此，用统一的教育标准，来达成某一个目标，真的是"教育之殇"。每个孩子都应该有自己的发展路向，每个孩子的发展也都有自己的偶然性和必然性。在我看来，偶然性大于必然性。必然性指的是那些用意志来战胜自己的孩子，这样的孩子可以预见其美好的未来；偶然性指的是那些通过兴趣和重大事件找到自己的孩子，这样的孩子是不可能预见其未来发展的路向的，因为兴趣和重大事件是需要时间来寻找的。

成长是需要时间的。这似乎是一个常识，但我们却经常做违背常识的判断。我们只要反身思考一下，在青春期我们又懂得多少？我们又知道自己未来要做什么吗？我们真的能做到像我们现在要求学生做到的那样吗？答案是否定的。可是，我们的社会越来越着急，我们大人们越来越着急，我们的学校也越来越着急，恨不得这个孩子一下子就长大，就成才。事实上，人的成长和自然界的规律有很大相似之处。不同的一点是一个有着主观能动性，一个没有。有主观能动性的人，会主动探索，会主动创造。

成长是需要契机的。人的成长到底是自我意识和自我心智的开启与外部环境的交流碰撞的结果。如果说自我意识与心智的开启是内部要素，那么外部环境的刺激则是外部因素。两者缺一不可。没有自我意识的开启，怎么说教都是无用的；没有外部环境的刺激，心智再好也不行。这个契机，可能是一个事件，这个事件可能是一次班主任谈话，可能是一次活动，可能是一次上台表演，可能是一次笑容，等等。所以，我们不妨给予孩子更多的机会，给予多种可能性，帮助他立起来。

成长是需要支架的。这个支架就是老师，就是班主任，就是同学，就是校长。一个儿童，不可能在很年幼的时候，就能做出

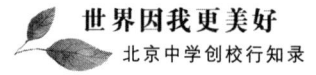

理智的判断。所以，对于学生而言，退步或者说下行只需三秒，一念之间的错误想法，往往就可能变坏或者下行，甚至是贻误终生。而前进一步，成长一步，则至少需要三个月，才能固化下来。由此可见，成长是多么的艰难，又是多么的可贵！这就是生长的力量。对于那些已经在成长的道路上的学生，我们教育工作者应该继续极力把握好人生的方向盘。而对于那些正在苦苦寻觅成长动力的儿童而言，请你不要放弃寻找自己成长的契机。

成长是有差异的，教育工作者应该尊重差异。因为每个人的成长过程和节奏是不同的，因为每个人遭遇的事件不一样，每个人对事件的看法不一样，有的大器晚成，有的小时了了，有的一如既往，有的蜿蜒曲折，有的是咬牙坚持，有的是硬被人拖着走死撑到底的。

其实，教育的所有问题，归结起来只有一个，那就是，寻找孩子成长的"黑匣子"，破解孩子成长的奥秘，找寻孩子成长的规律。除此无它。

别着急，我们是在艺术创作

吕　源

这是堂公开课，离下课只剩下 10 分钟了，孩子们还是不紧不慢，和孩子们坐在一起的有学校的领导，还有北京师范大学情感项目的专家，我需要在这 10 分钟里让至少一个组的孩子们展示建筑模型，给这堂课有个"交代"。5 分钟前我就可以倒计时了。孩子们做得很投入，每个人都在仔仔细细地黏合着模型，没有一个人是无所事事的样子。我看看表，决定不要催。

一、故事由你来定

制作建筑模型，拍摄逐格动画，学生对于这种创造性的活动实在太有兴趣了，建什么样的建筑，编什么样的情节，都由你来决定。我能做的，就是绞尽脑汁设计一个"游戏规则"，让学生天马行空之后，还落在美术学科的"规定动作"里。

这堂公开课叫"店铺门面设计"，以学生刚刚参加过的阅历课程"中华文化寻根之旅——江南行"为背景和主题故事，这些孩子刚刚遍访江南自然人文景观。我将人民美术出版社的初中七至九年级美术教材中与建筑有关的课程浓缩到六年级"电影建筑空间设计"这个美术模块中。除本课"店铺门面设计"之外，教材里还有"北京中轴线上的建筑""贝聿铭的建筑设计"，其中讲到了苏州博物馆，恰好也是学生江南行亲身游历过的。这是多么巧的事儿啊，亲自到过的地方，学生学起来就是亲切！

初步了解店铺门面设计及意义，店铺门面设计的要素，四个小组自编"江南行"的故事，要求含四种建筑类型，并用画分镜头的方式展示，在全班投标答辩，全班选出最受喜爱的故事，再将该故事的四个建筑场景分包给四个小组，每组承担一个建筑场景设计并制作店铺建筑模型，拍摄成逐格动画，四组的动画合成完整长片。在前面几节课中，已经完成了故事、分镜头、选出了最佳故事、各组领了任务，在本课中，各组要完成店铺建筑模型的制作部分。

建筑的种类是多样的，"江南行"游览过的地方就恰好能够涵盖四种建筑：拙政园是园林建筑，乌镇是民居建筑，苏州博物馆是公共建筑，岳王庙是庙堂建筑。就像这样，你也想好几个建筑场景，让你的故事贯穿在这几个建筑场景中。胜出的故事是第二

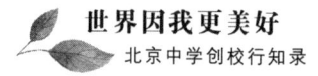

组的，在他们的故事里，女孩读了鲁迅的文章，进入了百草园，穿越到乌镇，扇着扇子到苏州博物馆，喝了一口茶穿越到茶叶店，一个"穿越"的故事把四个建筑场景连了起来。

发扬课堂里的民主，这个"最佳"是学生们投票选出的，同学们都喜欢并且愿意做他们组的故事，愿意承担他们组的场景。于是学生自己承接场景的项目，一个组做百草园，一个组做乌镇，一个组做扇子博物馆，一个组做茶室。每个组都有场景建设的任务后，便展开具体的美术学科上的事情：把场景画出草图，画出效果图，通过这个效果图做场景的模型，有了模型，最后拍动画。

不管是建筑设计还是动画创意，创意都至关重要，也是美术学科最重要的培养任务，创意来自于学生的阅历课程，故事也听学生的，由学生决定。在这共同的项目里，学生是主体，我把权利交给学生，不是老师的一言堂，而是真正地将学习的权利和机会下放给学生，提高学生的动手能力，启发学生的创新思维，促进学习共同体的构建，迎接协同学习课堂的挑战。

二、浸润在创作里

小吴在和小李讲他的乌镇，小吴说你看到这个屋子，树直接在水里面，树下面肯定要有一个支架。小李说这样肯定立不起来。这个组的速度是相对其他组有点儿慢的，组里四个人全是男生，而且特别有完美主义的倾向。对乌镇屋顶的选材，他们心思细腻地挑了瓦楞纸，不仅瓦片的层层"波浪"模拟了出来，还高度还原了乌镇冷冷的褐色，这个选材是动了脑筋的。这还不够，还用铅笔在瓦楞纸上一层一层画出了"瓦片"，裁切的地方整整齐齐，热熔胶粘得仔仔细细。

在学生的这一种交流里，我感受到一种艺术审美的力量。谁

琢　磨
——教师的业精进是什么样的？

能说，将瓦片画清楚不是美术审美的要求呢？谁能说，将瓦楞纸裁切整齐就不是美术审美力的体现呢？太是了！哪怕将来学生没有以美术为终生职业，可是他通过早年间的美术实践，将"精致"一词内化在心里，他就算做一个汇报工作的 PPT 都会不一样，他的工作成果特别"漂亮"，他的生活也必然是精致而令人愉悦的，美术教育的价值就算是体现了。

在学生的这一种交流里，我感受到他们的互相学习，这就是学会共处、学会学习。学生结成制作团队，每个人都是工作中的一分子，同学们可以选择自己擅长的任务，将作品做到精益求精，学生在实践操作和团队协作中，获得成就感和满足感。这样的美术作业也更有意义，不仅有创新性，还是一个促进学生互相学习的过程。

即便是不在同一组的学生，协作精神也很好。有一组的学生不仅完成了建筑模型的制作，连逐格动画都拍摄完了，我对组里一个女生说，你们拍完了可以看看其他组，有没有什么忙是你们可以帮的。她就跑到其他组说，我们能帮到你们组什么吗？他们说，我们需要那个女孩的角色。她就把她们组做的小纸偶拿过来，给他们拍，非常合作。我想，这就是因为这个故事是他们共同接纳的，正因为有一个共同的故事，这是全班同学共同努力的目标，对课程内容的集体共享的引导，使得这种跨组合作是可能的，也是顺畅的，所有孩子都在期待最后的那个完整的故事视频。如果是任意一个任务，将其强加给学生，他们未必能合作好。

我见这个女孩饶有兴趣地在其他组之间转，看看你的，看看他的，全然没有陌生老师在旁边看着的那种"怯场"和"认生"，我不由地想，每一个环节，学生们多有兴趣呀，这种兴趣的爆发

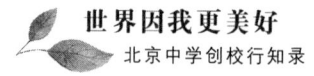

是我现在想要的吗？如果不是，我就应该把有可能的兴趣能量先释放掉，例如让每个组说说自己现在正在做的事儿，什么已经做了，什么还没有做，给全班同学一个过程性展示的机会，既给自己做了一次阶段小总结，又让每个孩子对每一个环节、每一个步骤的全盘感受更深刻，一旦她清楚全盘是怎样进行的，在真正做自己的项目和任务的时候，就能够更全身心地投入进去。

三、我没有很多话

"润物细无声"，我喜欢这句话。今天我来到上课的教室，因为是公开课，学生来得比较早，但是上课时间还没有开始，于是我先把教室的灯关了，营造一种稍微暗一点的氛围，让学生稍微安定一点。因为灯一开、屋一亮，人就容易兴奋，我想让他们把兴奋劲儿先保存一点，就把灯都关了。我给他们预设了一些问题，提醒这节课要设计模型，有没有想法在这节课怎么做。每个组都问一下，每个组都关照了一下软件是不是都装好了，学生们虽然来早了，但是思路要先进入课堂中来。

以前当学生的经历，更多的是老师作为教、学生作为学的关系存在。在北京中学，老师更多的是一个引导者、参与者，一节课下来，老师没有说很多话，没有占很多的时间，更多的时间分配给了学生，让学生发挥自己表达方面的技能。

上课以后，我在和学生交流上比较亲切、自然，虽然时间上比较紧张，但我还是保持温和的教态，鼓励做得快的学生，对做得慢的学生不要让他有挫败感，平复他的情绪，告诉他这不是最后一节课，还有课时，下节课让他做得更好。虽然他们已经在拍了，只差一点点，有几分钟就能把本组的视频给我，我们就能看到，即便这节课没有做完视频，我还是希望因为我的鼓励，让学生感到他在这堂课上也有收获，同时也有一定的成就感。

与沉默的我相反，我更愿意把机会和时间留给学生表达。这节课的内容是有关创意的，创意需要一个展示的平台，一个交流的平台。展示的平台，是让孩子们自己介绍本组的模型作品，孩子们想做的东西是什么。这是孩子们想做的，又是自己亲手做的东西，就会带着情感做，是从骨子里愿意做的，是愉悦的。既然是自己做的，一定是倾注感情和乐于付出的。而最后交流的平台，就是相互地启发、交流、沟通、分享。

记得曾经和同事们参加过"个性化学习"的工作坊，主持人是一对学者，他们的点评给我留下很深的印象，他们善意地把话筒递给老师，鼓励老师表达，老师说完后，他们只是温和地说一声"谢谢"，并没有评价。开始我是特别不适应的，因为脑中期待着教育专家为我公布一个"正确答案"，然而并没有。后来我逐渐领悟到"每人都是自己的教育家"这句话，每人都在所经历的各种情境下，教育着自己，自己为自己的问题寻找答案。我们也不妨把更大的探索空间交给孩子，让孩子在表达中激发思考，在思考中逐渐建立起自己对事物的认识和知识体系。

四、我们都在创作，也都在生活

我每天要花两个小时画一幅画，因为我从来没有间断过创作，所以我特别了解创作是怎么一回事。创作，不是比赛，不是技术加工，不能规定半小时必须完成，还要在二十五分钟时就倒计时，否则会怎样怎样，如果这样，这都不能叫创作。然而在公开课上，听课的观众期待在课程的结尾呈现出作品成果，似乎只有这样，一堂课才能算作"完整"。而这无疑是与创作的状态相矛盾的。孩子们在日常的课堂中很自然地展现创作的状态，调整、改进、推倒重来……我仍然希望学生在课堂上获得如此一种自在舒展的创作状态。

于是，当发现时间好像不太够用了，本来可以早一点提醒学生，学生创作的时候我也一直在看表，看着同学们的兴趣特别浓厚，做得也特别投入，我在犹豫要不要提醒。作为一名新任教师，众目睽睽之下，似乎我应该按照"正确的""规定动作"来"掌控"课堂，让人家知道，我是"懂规矩"的。但是我却一拖再拖，好像我一提醒时间的话，就在给孩子们施加压力，我不想给他们压力，我希望他们能够按照小孩子自己的进度创作，他们是那么专注，积极，没有一个人在偷懒，或者是觉得无聊，而小孩子毕竟有自己的进度，我希望按照他们的进度做，也期待快结束的时候能够做成什么样，我就特意往后稍微压了一下提醒时间。后来下课了，有听课老师问我"当时你着急吗"，说实话，我心里是特别着急的，可是如果老师把焦虑的情绪传递给学生，学生是很敏感的，能够很敏锐地感受到老师的情绪，那样学生肯定不是以自如的状态来创作了。

教学即生活，通过这堂课，我认识并感受到学生在制作的过程当中是一种生活的状态，是一种很自然的、很和谐的合作。怀特海在《教育的目的》中最后一章说，大学的目的一定让人有想象力，教学研究中充满探索精神，老师和学生一起共同生活，推动社会的进步。

从生活的故事和课堂故事相结合，无论让学生通过"江南行"，还是店铺，都有学生的生活故事和教育背景的故事，然后把生活的体验和他曾经经历的故事带到课堂当中来。在课堂中，通过制作一个店铺来复活记忆，而且使记忆经过一段时间的岁月沉淀之

琢 磨
——教师的业精进是什么样的?

后,再来重新审视江南行,把自己个性化的店铺设计情感加入进去,是把他生活的故事通过课堂作品的制作,来进行个人化的筛选,或者个人化的呈现,使这个课堂变得很好玩,好玩的目的就是充满着创作,学生在创作的精神当中去学习。学生的体验就是教育的体验。生活的体验可能是粗糙的,通过一种教育的载体,把粗放的生活体验浓缩或聚焦在学生共同的小组合作,完成一件有文化的产品,把自己生活的体验表达出来。这种生活的体验和当时江南行的体验又是不同的,它是从粗糙的、边际比较大的走向一个精致的、聚焦化的过程,这个聚焦化的过程也有情感的体验在那儿,也有故事在那儿。这个故事是个人生活的故事,这个故事是以小组合作为载体的,同学共同把自己的不同的生活,围绕共同的作品进行合作。在这个故事当中,不同的故事、不同的小组、不同的学生进行对话,进行话语的汇聚,共同完成作品的过程。而这个作品是每一个人的生活体验到小组群体的聚焦性的生活体验,又最终通过一个作品进行呈现,这是非常奇妙的事情。

在创作当中也有文化的意味,我一直相信,美术作业是学生感受文化、理解文化的一个实践载体,学生做的建筑模型充满了文化的气息,使得这堂课不那么技术化,不那么单纯地知识化。它具有一种文化的意味,而且在文化的呈现过程当中,从学生的小组编织到每一个学生心灵的参与,表面上看它就是一场游戏,一个好玩的故事,他的热情、积极性牵引着学生对江南建筑文化的重新认同,对于过去经历的生活场景的重新回忆,自身的人格慢慢在塑造与建构。

如果我有机会再次回到当时的课堂,我一定会自信而又温和地对孩子们说:"别着急,我们是在艺术创作。"

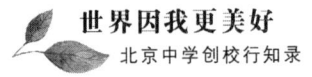

世界因我更美好
北京中学创校行知录

星星之火　可以燎原
——记"静水流深"读书会第一次共读

主读者：余国志
与读者：周端焱　何　馨　余金星　李　丹　陈思蕊
　　　　李智峥　谭　雪
时间：2017 年 12 月 19 日
地点：北京中学咖啡屋
执笔人：余国志

今天读书会的经典共读是苏霍姆林斯基的《给教师的 100 条建议》。苏霍姆林斯基是苏联一位伟大的教育家，我十分敬佩他，不仅因为他拥有高超的教育艺术和教育智慧，而且因为他几十年如一日全身心扎根教育一线和教育现场。他用真切的行动，深刻诠释了什么叫教育情怀，什么叫教育研究。

之所以选择这本书，是因为这本书，对于教师而言，是绝对不可以回避的一本书，是经典中的经典，也是教师从教学习的第一选择。这本书不仅易读，而且具有很强的可操作性。如果你觉得很多问题都无法解释，那我建议从这本书开始，开启自己精彩的教育历程。

因为是开端，所以不免保守。其实，读书会最需要的是分享，是那种出于对教育真理的热望而产生的激烈的思想碰撞。没有分享，没有碰撞，就没有达成读书会的效果。至少，在我看来是这样的。

今天的读书会，周校长围绕本书的第一个建议"没有也不可

琢 磨
——教师的业精进是什么样的？

能有抽象的学生"，分享了他的三个"压箱底"的案例，让人受益匪浅。周校长用"假如我是孩子"作为开题，采取教育叙事的方式，讲述了他20多年教育教学生涯中的三个故事。从这三个故事中，我们一致感受到：爱是教育的前提，不放弃每一个学生，如果只教知识，那么你一定会消失在学生的记忆中。

接着，余国志老师分析了第一条建议的教育哲学基础和逻辑起点，即每个孩子都不一样，这个不一样，既有来自先天的认知结构，也有后天的教育环境和经验（如家庭背景、父母受教育水平、生长环境）。正因为此，每个孩子受到的教育也不一样。而在当下的标准化和工业化时代背景下产生的学校里，如何采取个性化的教育教学方式，无疑是一个值得深度研究的问题，也是摆在我们每一位教育教学工作者面前的重大课题。

正因为每一个孩子都不一样，那么又该如何帮助每个孩子达成学习标准呢？对此，余国志老师分析提出，要采取支架的个性化策略。所谓支架，就是学习的帮助工具。而采取什么样的支架，用什么样的支架，研发什么样的支架，对于不同层次的学生，使用什么坡度的支架，既需要老师的知识视野，也需要精深的专业学科素养。

陈思蕊老师则对分层教学提出了自己的看法。她认为，在备课过程中，进行分层，不是一件难做到的事情，而对于在真实的教育教学过程中的分层，对于一名新教师而言，的确是很难做到的，需要在日后的教育教学过程中，予以突破。

李丹老师对于人文社会学科和自然学科的教学方法提出了自己的看法。由于两者性质不同，那么，教学方法应该有所不同。自然学科更多的是大逻辑链的推导过程，人文学科更多的是演绎思维的深度表达，因而在教学层面，应该要予以区分。同时，她还提到，对于学生的学习成绩，在教育水平不高的社会背景下，确实是需要老师予以鼓励和保护学生因为学习成绩不佳而导致的自尊心问题。但对于某些具体的孩子而言，则需要批判性地思考和施策。余国志老师对此提出，我们需要认真具体分析处于今天这个时代背景下的孩子到底具有什么样的身心特征。比如，对于今天的大部分孩子而言，他们缺少表扬吗？如果不缺少表扬，那我们还一味地表扬他，是否又是合理的？他们缺少认知吗？如果不缺少，那么你总是讲道理，是否意味着施策完全是无效的呢？这些都需要深刻反思。而这些问题，与《给教师的100条建议》中的第一条建议不存在抽象的孩子的总原则是相吻合的。

大家最后一致认为，《给教师的100条建议》中的第一条建议，具有深刻的教育内涵，不仅指出了解决当前教育存在的若干问题的对策，而且还是教师教育教学的工作指南。不存在抽象的学生，意味着不存在抽象的教育，教育要从实际出发，具体问题具体分析。而反观当下，我们的教育正走向与此相悖的道路，我们的教育，总是喜欢抽象地讨论一些问题，喜欢抽象地想当然地提出一些不新不旧的似是而非的理念。事实上，抽象的理论在教育领域最行不通。离开具体的教育情境来高谈阔论，注定是要失败的，因此，少些概念，少些理念，多些行动，多些研究，教育本质上是实践。教育最缺的不是教育理念的创新，而是教育行动的创新。

两小时的共读很快结束。在依依不舍的告别中，"静水流深"第一次读书会圆满结束。

成　　长
——什么时候孩子就学到了？

把北京中学 5 年来开学典礼的照片放在一起，可以看到照片上的一张张小脸一年一个样，很难把这张照片上皱着眉头怯生生的"小豆丁"和那张照片上已经笑出范儿的小伙、姑娘联系在一起。更不用说，这些孩子还学会了给老师们起外号。

有的老师话多，就被学生称作"唐僧"；有的老师个高两米三，就被学生叫成"203"；林琳的外号是"老林"，虽然她是个标准的"90 后"。"孩子给你起的外号里，有他们对你的感觉，'老林'听起来很亲近，不是吗？"林琳一边眨着眼睛一边说话，像极了她的学生。

王守英的外号"英姐"是班上一个特别淘气的女生给起的。"3.28"活动时，全班集体出游，对刚到班级任班主任的王守英，孩子们都处于观望状态。

休息时间，大家拿出各自带的零食互相分享。班上胆子最大的女生慢慢踱到王守英的身后，从背后递过来一包薯片，问道："英姐，你吃吗？"

王守英平时不吃薯片，可这个时候不能放过，伸手接过一片笑着就送进了嘴里。"啊？真能这么叫啊？"旁边一个暗中观察的

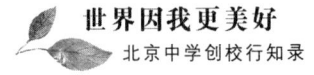

世界因我更美好
北京中学创校行知录

男生叫出了声。从此,"英姐"的外号就传开了。

"教育是什么"这样的问题,属于那类每个人都能说出一番见解,但没有人能说清楚的问题。人人都声称站在自己的位置看到了教育的真相,但将这些片段的真相汇集到一起,依然远远无法拼凑出一幅完整的图画。甚至大多数时候,情况会像往大团烟雾中投下几段湿柴一样变得更糟。

想要记下一所学校里发生的所有事情是不可能的。但如果停留的时间足够久,对话的人足够多,同时还有一些运气的话,总能发现一些隐藏在校园日常生活中的特别场景和瞬间,那些教育正在发生的场景和瞬间。

一、变规定为约定

参观北京中学校园,导游常常是由学生志愿者担任的。国内专家来,学生导游会用普通话介绍学校的历史、校园的建筑,面对来宾们的问题说出自己的见解;国际专家来,学生导游会用英语从异域视角重新解读学校的来历和愿景。

在这些学生导游里,周轶一的声音让人印象深刻。不用麦克风,他的声音就能让半个操场的人都听见。"我们班的班规是同学们制定的,包括使用 iPad 的规定,也是大家一起商量的。"无论是面对国内专家还是国际专家,周轶一常会用兴奋的语气说出这个细节,然后看着来宾瞪大的眼睛微笑。

北京中学的学生都很喜欢这所学校,一个很重要的原因在于他们感觉自己是这个校园的主人。在这所由学生题写校名的学校,随处可见的很多细节时时刻刻都能让大家意识到这一点。

北京中学的教室里是没有讲台的。虽然这让一些个子矮的女教师自嘲永远无法写到黑板的上方，但学生们却从这一点感觉到老师与他们之间的平等。

学生们给自己的班级起了名字，在教室的墙上贴上个性十足的班级格言，也常常把各自的书画作品或手工作品摆在楼道里展示。

北京中学副校长刘乃忠说："相信孩子们，相信孩子们和我们一样希望学校的运行井然有序又生机勃勃，是北京中学所有学生工作的起点。有了信任，就有了变规定为约定的基础。"

北京中学所有班级的班规、全校的校规，都是在学生们提议并广泛讨论通过的基础上确定下来的。刘乃忠说："在师生之间求得广泛的共识常常需要经历一个讨论、坚持或妥协的过程，看起来比学校直接制定规定要烦琐，但这些约定一旦确定下来，执行的情况特别好。因为这些约定兼顾了大家的利益，是大家一致的意见。"

二、"3.28"活动

每年的 3 月 28 日是北京中学开展学生"走进自然"社会实践的日子，也是一个让学生们自己做主的日子。开学第一年，"走进自然"社会实践就已经列入了学期计划，但怎么开展这项活动，北京中学把决定权交给了学生们。

学校的要求是：必须要走民主的过程，不能由班主任或班委几个人直接确定，需要每个人先自己设想并拟定活动方案，方案包括去什么地方、为什么去这个地方、怎么去这个地方、时间与经费怎么划分、安全怎么保障等。所有方案先在小组中交流，并投票选出小组最佳方案，然后，在全班汇报小组方案，投票选出班级最佳方案。

活动时间为一个白天，不能在校外过夜。学校为每个班级提供3000元的经费，整个活动经费不能超过这个经费，不能让家长赞助。

为了去想去的地方"玩"，学生们的热情被彻底点燃。每年进入3月，北京中学教学楼的走廊里就会出现学生们张贴的"3.28"宣传海报。孩子们几乎把北京周边的景点翻了一个遍，很多景点老师们连听都没听过。确定想去的景点后，提议的学生需要联系景点的工作人员，了解门票、景点中的项目、开放时间等信息，还需要联系汽车公司，咨询租车的事项，并安排好餐饮等。因为经费有限，在众多事项中如何取舍常常让学生们挠头不已。

最终入选方案需要每个班级派出陈述代表参加答辩，接受由老师和同学共同组成的校级评委会质询。很多孩子都是人生中第一次参加答辩，兴奋中带着紧张，他们会精心准备答辩稿，甚至PPT。

"从学校到这个景点的实际距离是多少？""你们准备租车的这家公司的情况如何？""你们说在这家饭店吃饭，饮食安全是没有问题的，说说你们的理由。"……

很多孩子都是第一次被要求解决实际生活中的问题。有的方案通过了，也有的方案被否决。而一旦方案被否决，就意味着当年班级的"3.28"活动要取消。在如此沉重的压力下，更多的思考在一个个小脑袋里飞速运转。

这些年里，北京中学的学生考察过历史村落，做过扎染和采摘，去过影视基地……很神奇的一件事是，无论他们去的地方在哪儿，回到学校的时间都和方案计划中的时间一点都不差。要知道，行走在北京要准点，真的是一件很难的事情。做到这一点，一定是归功于孩子们详尽的方案和严格的执行。

夏青峰说："'责'字的上面是一个'主'字，我们为什么这么折腾孩子，就是要让孩子们有主人的意识。'责'字的下面是一个'贝'字，通过这些麻烦，孩子们意识到这些事情都是与自己利益相关的，必须勇敢面对，自己努力，好坏都怨不得别人。有了责任，才有创新，才有实践。"

三、答辩

北京中学的学生社团有几十个，其中有学校组织开展的；有学校聘请老师，孩子们自愿报名参加的；也有学生们自己组建，学生自任社长，自主招募社员的。其中，学生自建社团需要经过校方的答辩。北京中学很多学生都体验过答辩的场景：在一个公开的场合表达一项自主的动议，接受校方的质疑，直到获得批准。

沈柳含和周星羽申请举办排球社的时候第一次答辩没有通过。虽然她们准备得很充分，社团的意义、活动的形式、资源的支撑都清晰地写进了PPT，表达也很流畅，但评审一个意料不到的问题让她们卡了壳——"雾霾天你们社团活动有预案吗？"修改调整后，第二次答辩终于通过，这次经历也让排球社的两个创

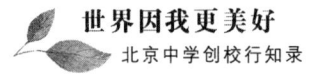
世界因我更美好
北京中学创校行知录

始人信心大增。

北京中学要求所有社团在学期末都要组织汇报答辩，一般是由社团代表汇报一学期以来开展的活动，以及所取得的收获。评委老师根据汇报针对性地提出问题，由孩子们做出解答，评委老师再根据孩子们的汇报与平时的过程性材料，给予每个社团一个量化的评分。

北京中学没有特长招生，学生数量也不多，因而刚开始的时候，学生社团的活动水平并不高。

模联（模拟联合国）社团刚刚起步的时候，虽然一名学生去纽约联合国总部参加了模联的国际性活动，但是大部分学生都还是初步接触模联。但参与模联的学生们在校外辅导老师的带领下，饶有兴趣地组织活动，每次活动都正儿八经地穿着正装出席。

花样年华社团刚组建时，实际上就是学乐器的学生们的一个小组合，人数不多，自然无法形成一个很好的大乐队。但是学生们从来没有受影响，他们组建了自己的小乐队，像模像样地进行排练，有了这些学生的排练厅，第一次传出了童真的乐声《八月桂花香》。

社团组建需要答辩，学委会提出动议需要答辩，开展"3.28"活动需要答辩。表达与倾听，感觉与理性，坚持与妥协，在答辩场上，北京中学的教师们有意识地"折腾"这些孩子们。学校提供的活动预算有限，请老师也要占预算，请谁不请谁？在学校里推行校园币时，学委会提交的第一份方案一大厚本，却因为超出了一所学校运营的能力被否决。

孙其军说，很多人在求职的时候才发现，单位常常会给出一个问题，然后让应聘者提出完整的解决方案。这种根据任务迅速重组相关知识的能力，在未来会变得越来越重要。北京中学"折腾"学生们的这些教学设计，把那些毕业以后才有的经历变成了校园里的日常。

四、我喜欢看老师看着我的样子

课余时间，张朔除了打篮球之外，最喜欢去的地方就是物理实验室。开始的时候，他只是进去跟老师聊聊天，摸一摸那些新奇的实验设备。渐渐地，他去实验室的时间多了些，跟老师聊的话题也多了一些。后来，他开始自学高中电学，尝试做一些书本上写着的实验。直到现在，他下午四五点进实验室，常常夜里十一点左右才离开。

"什么时候去，冯老师都欢迎，只要我不走，冯老师就在实验室里陪着我。"张朔说。

到北京中学后，张朔的兴趣变了又变。最开始，他的导师是生物老师林琳。亲其师，信其道，在老师的影响下，他喜欢上了观鸟，还加入了观鸟社团。大冬天翻山越岭，趴在雪里守候"鸟种"，一趴就是几个小时。那种为了兴趣而坚持的感觉，让他意识到，"兴趣的魅力在于过程的美好"。

后来，那个什么时候都可以去的物理实验室吸引了他。跟很多男生一样，张朔也是个武器迷。最先他感兴趣的是火箭，于是就在实验室里鼓捣火箭发射装置。就是从那个时候起，他开始自学高中的电学课程，自己设计电路，然后泡在实验室里，亲手一个焊点一个焊点地把电路板焊了出来。终于有一天，按下按键，

世界因我更美好
北京中学创校行知录

几万伏高压电火花点燃酒精的推力,把一枚小火箭送上了半空。

现在,张朔又瞄上了电磁炮。他开始自学大学电学课程,并动手组装自己的第一台原型机。

"我做实验的时候,老师就在旁边修门禁卡啊,修电饭煲啊,感觉特别有家的氛围。"张朔说,"我特别喜欢冯老师看着我做实验很享受的样子。"

物理教师冯波就是张朔口中的"冯老师"。5年来,在那间大门常敞开的实验室里,他见证了孩子们的很多奇思妙想。"孩子们来做的很多实验都不是课本上的,大多是他们生活中的一点好奇,比如门禁卡的原理,比如微波炉是不是电流热效应,我不光给孩子们做课本上的实验,更喜欢让他们再现科学家发现的过程。"

北京中学的物理课,课堂讲授的时间缩短,更多强调信息化辅助教学。冯波说:"这些工作包括编制课前给孩子们看的电子教材,熟练掌握课中辅助教学的软件和及时评价的系统,课后对学生掌握情况的诊断和个性化辅导等。"

这种以学生为起点的物理课,让很多学生喜欢上了物理。在初中"六选三"的科目选择中,北京中学学生选物理的最多。

"北京中学的老师看孩子不以成绩论英雄,只要孩子有一个爱好,并且愿意去经营,老师就爱。"冯波说,"我走过不少学校,这所学校的教师是最会和家长孩子换位思考的。"

"孩子们都知道,迟到了,老师不会批评我,一定会问我哪里不舒服。""实验中放错了东西,老师不会斥责,一定会说我建议你怎么放。""孩子们能感觉到,不管我想去哪儿,老师都是我背后一堵坚实的墙。"

"教师一定不能做那个'以爱你的名义,剥夺你犯错的权利的人',教师要做的就是轻轻蹲在学生的旁边,守候着学生自然生长。"

"我喜欢看孩子们在做实验时一脸严肃的表情,好像在做一件关乎生死的大事。"冯波说,"你会感觉到,孩子在做实验的过程中是发光的。"

北京中学的校训是"和而不同,乐在其中"。张朔说:"这种理念是落在我们身上的,学校尊重每个人的爱好不同,鼓励大家往自己感兴趣的方向发展。这里的环境特别适合那些愿意走自己感兴趣的路的人,我下一步计划要报'翱翔计划'了。"

2013年9月2日的开学典礼,冯波是守护北京中学校旗的四位特级教师之一。那天的典礼上,他的正步其实只走了不到20步,之前却足足练习了一周。回忆那天的场景,他说:"那不到20步,好像北京中学这5年走过的路,步子还少,每一步又都要走得很精确。"

北京中学是冯波工作的第五所学校,他刚来的时候,北京中学连一个实体都没有。"学校的目标是国际化、现代化、高品质,就是这个愿景吸引了大家,5年来,也是这个愿景一直困扰着大家。如果说中高考是爬一座山,我们想的是让孩子们唱着歌爬山,寻求一种最好的方式让学生自然快乐,又让家长、社会认可。"他拿下眼镜,用手掩住半张脸,"很难,读书人的理想主义吧,就想做这种事。"

五、有意义的事

姚无双最近的爱好是烘焙。周末回到家,她会摆开那些大大小小的烘焙工具，按照自己脑子里的配方一点一点尝试。"每次都做到夜里两三点，一点都不困。"

同学们都可证明她的烘焙实力。吃过姚无双带到学校的原创糕点的人都觉得，她已经具备了去开一家糕点店的实力。周星羽说："我们都吃了，绝对比街上买到的那些糕点好吃。"

在心里，姚无双受哥哥的影响很大。哥哥是个绘画天才，文学和国学的修养也高。哥哥想以绘画作为终生理想，但爸爸不同意。在哥哥读高二的时候，这引起了家里一场不小的纷争。最终，哥哥赢得了坚持梦想的机会，高考后如愿考上了北京电影学院。

姚无双也是一个很坚持的人。她是每天早上全校第一个到食堂的学生。六点半闹钟铃响，六点半就准时起身。"第一个吃完早饭第一个开始学习，感觉很有成就感。"

相比于同龄人，姚无双规划时间的意识特别强。她有专门的时间规划本，每天的时间规划都提前写下来，然后几乎完美地执行。一次，副校长周慧在食堂里无意间看到她的时间规划本，翻了几页后，不禁感叹道："无双，你规划时间的能力真强。"

不过，在姚无双看来，所有的坚持只有与兴趣相连才有意义。她最初是学校的物理竞赛队员，后来对生物竞赛感兴趣，就转到了生物竞赛组。前不久，她又觉得对物理兴趣更大，就又转到了物理竞赛组。

2018年的暑假，姚无双安排了两个假期项目。她先跟着学校的支教团到云南蓝坪支教一周，又跟几个同学结伴一起去甘肃，在戈壁沙漠里徒步100千米，全程不带零食，不带手机。

她说："途中肯定有很多困难，但感觉需要这样的人生体验，感兴趣，有意义。"

六、辩论队

在2013年9月开学典礼的学生入场式上,申银珍是在最后一组亮相的。这个一脸羞涩的朝鲜族女生跟着身边同学的脚步走上舞台,连什么时候笑都尽力做得跟身边的同学一样。

2015年11月,就是这个娇小的女生,在首届京津辩论赛上迸发出巨大能量,一举获得了全场最佳辩手。一年后,她还将穿着嘉宾礼服走上大学的红地毯。

北京中学辩论社成立于2015年4月。这个最初只是为参加朝阳区中学辩论赛而组建的学生社团,在当年12月就拿到了首届北京市中小学生辩论赛的冠军。这些初二的学生面对来自中国人民大学附属中学、北京市第八中学的高中学段对手,显露出让人们眼前一亮的朝气。

"我们只是初中生,能打赢高中生吗?"今年刚刚高二的何心婉回忆当时的情景,"好几个同学都说,第一次上场发言,手脚都在发抖。"

不过很快,这种紧张的感觉就被另一种更奇特的感觉替代了。"聚光灯打在身上,所有人都在听我说。"申银珍说,"这种感觉太爽了!"

所有加入辩论队的孩子都是因为喜欢辩论。最初接到区教育委员会辩论赛通知的时候,学校并没有直接指定选手,而是在学校里举行所有学生都可以报名参加的模拟辩论。"孩子们的兴趣在机会面前得到释放,那段时间,每个班的孩子都在尝试辩论。"辩论队首任指导教师房树洪说,"虽然离比赛只有一个月的时间,但校内辩论赛涌现出来的第一批选手还是拿到了比赛的季军。"

北京中学辩论社作为这届比赛的成果之一在学校保留了下来，辩论作为一种兴趣在孩子们的心里也保留了下来。

有没有老师可以帮助学生们提高辩论技巧？有没有其他比赛可以让学生参加？房树洪说："孩子们乐在其中的兴趣一定要支持，这是学校的理念，第一次比赛结束后，学校很快开始为孩子们的下一次比赛认真做起了准备。"

大学辩论队的选手和大学的辩论指导教师被请进学校，兄弟学校辩论队和大学的辩论队被请来与学生们模拟比赛。

首届辩论队队员贺筱汀说："那段时间，我们放学后都不想回家，大家经常在学校待到晚上八点以后，一起搜集资料，讨论辩题，一遍一遍设计辩论方案。无论我们待到多晚，房老师一直陪着我们，家长也一直陪着我们。"

机会很快就来了。2015年12月，首届北京中小学生辩论赛举行。首次在全市辩论赛上亮相的北京中学辩论队初生牛犊不怕虎，竟一路冲进决赛，最终获得了冠军。贺筱汀、何心婉、李翰云、周星羽、高贺然、张朔获得金奖，何心婉、左其馨获得全程最佳辩手。在随后的两届北京中小学生辩论赛上，北京中学辩论队蝉联冠军，在北京中小学生辩论赛的历史上留下了第一个三连冠的佳绩。

学生们用努力为自己赢得了更大的舞台。2016年，北京中学获得了代表中国参加国际大学生辩论赛的机会。在"狮城"新加坡，这帮初中孩子接连战胜两所大学对手，成功闯入八强。

京津冀辩论赛冠军、青岛"山海杯"辩论赛冠军、北京"华语辩论世界杯"季军、上海"世外杯"华语辩论邀请赛季军、香港"亚洲杯"八强……荣誉接踵不至。

房树洪说:"外人可能无法理解,在我们看来,北京中学的孩子和辩论结缘是一件很自然的事情。当众发言对北京中学的学生来说是一件正常的事情,课堂上的演讲、社团的竞聘演说、研究课题的开题答辩……倾听和表达的训练从创校那天起就渗透在北京中学的课堂内外。"

"辩论打开了孩子们的思维空间,给了孩子们更大的舞台。"他说,"学校对辩论的支持,关注更多的是教育的发生和孩子们真实的成长。"

附录:

团队之可贵:持方无优劣之分
——"思辨青春"辩论心得

田思远

为期半个月有余的"思辨青春"时事辩论赛终于落下帷幕,虽然之前静候佳音的等待不免让人有点焦虑,但也难得腾出时间好好梳理一番这次每辩一场便成长一分的比赛。

两场辩论比赛,三场模辩和一次次的练习,不约而同地传递给我们同样的消息——团队意识的可贵。刚开始备赛的时候,因为受到观看的"星辩""国辩"中黄执中等几位出色辩手的优异表现的影响,我沉迷于辩论中一两位选手个人水平的发挥,以至于在查找资料和立论的编撰中更多地考虑自己所在的辩位,而忽略了同组的其他同学的发挥和配合。又往往恐惧于成为整个队伍的

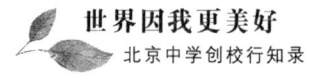

"累赘"，不知不觉中频繁地站起，侵占了队友们的发言时间。

  第一次模辩中便出现了自由辩论中一两位队友发言次数少、整体感观不佳的局面。好在，在老师的指导以及观摩其他参赛学校的比赛之后，情况有了极大的改观，在赛场上也真正迸发出了一个团队的力量，至此，我才真正顿悟，辩论到底是四个人的"游戏"。我在比赛中真实感受到团队精神之可贵。

  而另一点感悟却是在决赛之后浏览笔记和材料时才逐渐觉悟到——没有难辩的辩题，更没有劣势的持方。依稀记得刚刚拿到辩题的时候，曾无数次对辩题或是质疑，或是埋怨，理由不外乎是辩题难以准确定义，持方不完全矛盾等问题。可当我们真正拿到题目苦心钻研，或者是老师悉心解答并帮助我们提供思路之后，曾经的问题化作云烟，一条条思路清晰地展现出来，只等着大家进一步探索和尝试。从来没有难辩的辩题，一个题目的好辩程度只取决于思维的深度，当我们的思维如同手术刀般精确地切割、剖析开每一个辩题时，辩论的真正奥秘可能才显露出冰山一角……

  此次"思辨青春"辩论比赛，更像是经历了一场思想的暴风雨，风雨过后留下的水分将会不断地滋润着我们，帮助我们继续生长。

从未体验过的国际辩论之旅

申银珍

  经历了去年的京津地区辩论赛以及中小学生三校辩论赛，我面对辩论这件事情越发游刃有余，而从以前的"我们竟然可以参加高中组的比赛了",也慢慢变成了"不拿些成绩都对不起自己的努力"。不知从何时开始,在辩论中我们越来越看重比赛的质量与成绩,其中能力的高低,则成了我判决辩论赛的唯一标准。

"狮城杯"辩论赛,我们第一场的对手——台湾省高雄女中是一所强校,这所学校获得过"精英杯"冠军,并在整个亚洲中脱颖而出。果然,我们在小组赛中并未能胜过她们。高雄女中的实力让我们有目共睹,辩友严谨的逻辑、清晰的表达以及成熟的默契度让我们着实佩服,也让我清楚地意识到现有能力的不足。这辩论场中,有实力才是硬道理。

而在几天后,我们听闻高雄女中在半决赛中输给了另一所学校,未能晋级决赛,这令我们感到十分诧异:高雄女中的辩论实力已经让我们觉得遥不可及,难道这比赛中有比高雄女中还要强的队伍吗?惊讶的我们决定要认真观看决赛,然而决赛的表现却让我们大跌眼镜:正方论点极为奇怪且自相矛盾,而反方却一味守护己方战场,并未有力地打击对方。我们实在想象不到这是决赛的水准,也实在想象不到这支队伍竟可以打败高雄女中。

之后我一直在想"狮城杯"的每一场比赛和每一个细节,终于发现,原来在辩论场上,除了实力的高低,还有许多因素在影响着整场辩论赛。在小组赛中,我们因为分组及持方吃了许多亏;在决赛中,准备时间紧迫,可能会使得论点准备不充分;还有某些队伍,或许是因为心态问题而导致发挥失常。这一系列的考量因素慢慢渗进了我对于辩论的认知、对于一名辩手的认知。

我现在这样想:辩论,并不仅是场上的较量如此简单,在这之中我们最终会抱以怎样的心态来面对比赛,又或者我们将会面临怎样的分组、辩题以及对手。我意识到,辩论场上竟有这么多

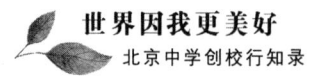

未知，而我们能做的，也只有尽心尽力去准备我们可控的稿件，锻炼我们可提高的实力。

失败是什么味道

何心婉

如果说，在此之前的辩论都可以用"顺风顺水"来形容，那么这次的比赛，就无异于经历风浪的一次旅途。一路上，固然有无限风光美景、鸟语花香，却也穿越荆棘、走过阴霾。不过还好，最终的我们，依旧收获了曙光，至少，亲眼记住了所有值得记住的。

新加坡是一个美丽的国度，炎热的太阳衬托了那里的万物，给一切抹上一层热情的光芒。正如我们出发前的心情：忐忑？激动？我不知道，两者都有吧，但那颗心一定是炽热且富有激情的，想到在异国他乡，"北京中学"四个字可以让更多人了解，还有什么比这更加美妙？可结束时，比赛的失败还是让心头一凉。毕竟没有达到预期的目标，经历了几周的准备，却最终只打出了两场的分数，接着，便止步于此，且不说每天晚上多晚才结束，有多晚才能回到家中。这一份努力过后不能得到相对的回报的心情，终归让人感到一丝无奈。

第一次品尝到，失败是什么味道。

当你不得不坐在观众席中，看着场上的决赛，仿佛百爪挠心一般，恨不得几步冲上台，自己坐在辩手位上。但可惜，这是不可能的。酸楚、不甘，却无可奈何。

那太阳照在身上，变得火辣、闷热，让人透不过气。

不过，当慢慢冷静下来，将视线转回自己身上，重新审视：自由辩是不是显得有些乱？己方的战场是不是没有完全打透？四个人的配合是不是还略显生涩？我们，是不是还可以做得更好？"如果在比赛中，你觉得输给对手十分不服气，那么最好的解决办法，就是尽力以绝对优势取得胜利。"有人这么告诉我们。

不过有一样，是令人高兴的。评委老师肯定了我们的表现，对于初中生可以打出这样的水准表示惊讶，同时也给予鼓励和期待；而我们也与跟我们比赛的两所中学的学长，互留了联系方式，相信我们彼此之间也成为朋友。想想，在海峡的另一端，有与自己同样热爱辩论、愿意为其挥洒汗水的同学，也是一种幸运。

因为如此，阳光照在身上，好像又变得暖和了，照在心间，也是柔柔的。

第一次品尝到，失败原来更像一杯醇厚的咖啡，尽管苦涩，静静品味，还是带甜的。"我们的夏天，由这场辩论拉开了序章。"那么下个夏天，有缘再见！辩场上，再见！

孩子，去参加辩论吧！

贺筱汀妈妈

近读翟与宁从"山海杯"夺冠回来后写的文章《我们的辩论，我们的生命》，意犹未尽，我也想从家长的角度谈谈自己对辩论的粗浅看法，谈谈我为什么支持孩子参加这项活动。

何为"辩论"？思想家墨子曾说："夫辩者，将以明是非之分，审治乱之纪，明同异之处，察明实之理，处利害，决嫌疑。"换言

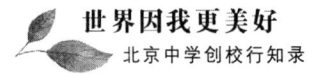

世界因我更美好
北京中学创校行知录

之，辩论的作用就在于划清是非的界限，探察世道治乱的标准，判断区别事物同异的根据，权衡利害得失，解决存在的疑惑。今天，辩论多是以比赛的方式呈现，控辩双方针对同一个辩题从不同角度予以论证，最终达成共识，从而帮助辩手完成对一个特定观点不断清晰认识的过程。

我认为父母养育孩子，当然不仅限于吃饱穿暖，更应关注其精神世界的充盈完善，在孩子的成长过程中，家长更应该重视培养其视野的高度、思维的深度和生活的广度。这三个维度决定了孩子能走多远，并最终成为一个什么样的人。

视野的高度是指一个人观察世界的角度是开阔而辩证的，满怀好奇和善意，同时兼具宏观的认识和微观的把握。

思维的深度是指一个人应该通过不断的阅读和思考，找到自己看问题的角度和方式，对具体事情给出独到的见解，并擅于辨识、吸纳他人的真知灼见。

生活的广度是指一个人和社会的相处方式，无论互联网如何改变这个世界，每个人都需要通过人际交往完成本职工作和日常社交。

下面我再来谈谈通过自己的观察，辩论到底能给孩子带来什么样的改变。

第一，让孩子变得自信。每场辩论赛之前，孩子们都会充分准备，反复模辩，因为他们深知临场发挥的成败直接取决于自己对辩题的吃透程度和被对手刻意挑战时的应变能力，这种不惧强手、不畏发难的强大心理，就是自信。

第二，锻炼思维和表达的精准度。首先，辩论锻炼思维的完整性。一个人独自思考，或者发表演讲，往往只探究事物的点和面；而数人辩论则能够相互补充，丰富想法，使得对问题的认识趋于全面，思考也更兼完善。其次，辩论锻炼思维的准确性。法国作家福楼拜曾精辟地指出："思想准确是表达准确的先决条件。"辩论就是要求双方对所辩论的问题有深入的思考，谁的思考越是接近问题的本质，谁就越能准确地描述、把握事物的属性。再次，辩论锻炼思维的清晰性。想得不清楚的东西也就说不清楚，词不达意只能证明思想的混乱。在辩论过程中要求双方以明白无误、有条不紊的语言来表达自己的思想观点，而这须以思路清晰、有层次地展开为前提。最后，辩论锻炼思维的敏捷性。凡擅长辩论者，都与平时善于观察、勤于思考、知觉敏锐有关，唯有如此，才能在辩论时面对咄咄逼人的进攻和一连串的提问，成竹在胸，反应迅速，及时调动平时的知识积累。

第三，培养团队合作精神。在每个辩论队中，都需要不同特质的孩子各司其职，精诚合作。一辩选手负责立论，充分阐述自己一方的观点，最大限度地框范出论题的内涵和外延。好的立论和申论，会开宗明义，让人眼前一亮；二辩、三辩选手在攻辩环节需对准备好的问题紧紧围绕立论展开，让自己的观点和立场进一步立体、生动，同时有效阻挡对方进攻；四辩则做总结性发言，需对本方观点予以结辩，指出对方辩友的逻辑漏洞。要求选手有对全局的把控能力，并能为己方观点画龙点睛。这好比建房子，一辩夯实地基，二辩、三辩负责房子主体结构部分，四辩收尾并装饰整个工程。如此，大家默契分工，最终完成任务。这个过程会让孩子们携手体会奋斗的艰辛和美好，若干年后，团队培养出的师生情、同窗谊亦会给孩子们留下甘之如饴的终生回忆。

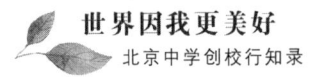

既然辩论有这么多好处，故真诚建议家长们，鼓励自己的孩子早日加入这个行列当中，无论他（她）是男孩、女孩，无论他（她）是否能言善辩，都可以鼓励他们：孩子，去参加辩论吧！

七、寻根之旅

2016年北京高考语文大作文题之一，是根据阅读材料以"老腔何以让人震撼"为题写一篇议论文。对于陕北白鹿原上的"老腔"，大多数北京学生都不熟悉。让很多人意外的是，这道高考作文题却在北京中学收获了知音。就在那一年，北京中学的"中华文化寻根之旅"的路线之一就是陕西，几十名北京中学学生在"老腔"的故乡，寻访"老腔"艺人，在黄土高原上亲眼所见，亲耳所闻，感受过"老腔"的震撼。要问"老腔何以让人震撼？"这些孩子有很多话想说。

在2013年9月挂牌开学之前，阅历课程就是北京中学课程设置中大家倾注大量心血的设计之一。对以"读万卷书，行万里路，听万家事，说万家言"为主线的这一系列拓展课程，老师们期待很多，事实证明，孩子们的收获更多。

历史特级教师沈夏炳说："在行走的路上，你几乎可以看见孩子身上的成长就在眼前发生。"语文老师王守英说："临行前，老师们设想了所有可能，但孩子们不经意的成长依然会在大量不经意的瞬间发生。"

在黄山与挑山工的擦身而过，让九年级的翟与宁想到了命运。

从挑山工说到命运的思考

翟与宁

从我见到他们的第一眼开始,就深深地记住他们了。

从那个雾和雨毫不留情的日子里,他们要挑着重担上山去。我不知道那是些什么东西,可是我从他们脸上混杂着的雨水和汗水中,从颤抖的双肩上看得出来,这绝不是轻轻松松的活计。

从我看到他们的那一刻起,直到我从他们身旁走过去,他们大部分从没抬起过头来。那是肩上的担子压的,也是命运压下来的,它能压得人抬不起来,也就能压得人跪在地上,甚至能压得人憋屈地死去。我看到他们用双肩挑起了命运,可是仍然无力改变。

我看到陡峭的台阶上,一半是衣着漂亮的同学,排着长长的队伍下山,另一半只有一个人——那个挑山夫。一群人注视着一个人,一个人面对着一群人。他们的命运有着天与地的差距,他们的命运不是谁更努力谁更上进的区别,而是本质上的不可比拟。

人的生命中最不可承受,可同时又最无力的,莫过于亲自感受命运与造化的捉弄。人自从生下来的那一刻开始,便自以为足够掌握自己的命运,可是随着年岁的增长,阅历的丰富,却在面对很多事的时候,感受到一种力量与心灵的匮乏。我们反复地挣扎,反反复复地在其中打转,最后总是无可奈何地得出一个结论:我还是没逃过命运。

这时候,悲观的人喟然感叹,命运竟是如此不公,命运捉弄了多少人。这悲观,不禁让我想到周国平说的一句话"我相信一切深刻的灵魂都蕴藏着悲观"。换句话说,悲观自有其深刻之处。

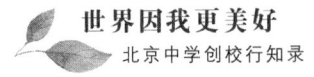

世界因我更美好
北京中学创校行知录

可能也只有对命运深深地思考过的人，才会意识到命运是有多么的残酷。而越是思考，这种悲观就陷得越深，直至最后不能自拔，最终被命运的旋涡残酷地卷入其中。

有时候恰恰需要超越悲观，从悲观的泥沼中爬起来，方能看得清楚。就如同史铁生写的那样："一个人，出生了，这就不再是一个可以辩论的问题，而只是上帝交给他的一个事实；上帝在交给我们这件事实的时候，已经顺便保证了它的结果，所以死是一件不必急于求成的事，死是一个必然会降临的节日。剩下的就是怎么活的问题了。"既然命运这个东西从来都是确定的，那我们也就不必执着于和它无意义地争吵。如果真的能放轻松一点去活，把命运与苦难看成是必经的道路，反而可能会收获快乐与幸福。

感谢黄山的挑山工，使我在这条并不算长的艰险山路上，进一步省察了这个漫长人生的根本问题。

在徽州制砚师的作坊里，九年级的赵天琪记住了一双手。

手

赵天琪

刚刚看过雕刻精美的徽墨和砚石，然而此时，我坐在大巴车上，脑中却总浮现出一双手，一双满是老茧、沾满油污的手。

那是一个昏暗的车间，里面杂乱地摆放着桌椅，地上摞着许多砚石的半成品和各种我叫不出名字的工具。他就坐在其中一条板凳上，面前的小桌板上有一盏样式古老的台灯和许多木质手柄的刻刀，最中间放着一块等待打磨的砚石。

成 长
——什么时候孩子就学到了？

他躬着腰，低着头，鼻子都快贴到了砚石上，鼻梁上架的眼镜好像一不小心就会滑下来。他黝黑的脸上映着黄色的光，皱纹像是一条条深陷的黑线。他的目光定在了砚石上，一只手扶着砚石，另一只手拿着刻刀在石板上游走。

他左手大拇指按在砚石的棱上，因为太用力，指尖被压得发白，关节处又挤出了许多皱纹。另外几个手指直直地压在石面上，一动不动，指甲盖下红中透着暗紫色。手背在台灯的光下反着光，油亮亮的，上面的墨印子被抹花了，和原本颜色就暗的手背几乎要融为了一体。他的右手像拿笔一样握着刻刀，小拇指和无名指横挡在石板上，每挪一次就能看见侧面一道粗粗的黑色墨迹。握刀的两根手指缝里塞满了石灰，指肚上的纹路被磨得平滑，许多地方褪了皮，或是结了白色的痂。

这两只手上生满老茧，宽厚的大掌上纹路重而清晰，边缘常有水泡或是泛起了白色的皮。粗而短的指头上沾了许多黏稠厚重的墨印，总是黑乎乎的一片。就是这样一双手，却能做出那样精巧别致的徽墨。那种认真和专注的神情，那种技巧和功力，或是急转直下或是轻勾慢挑，这双手把这份古老的工艺吟成了一首诗，无声中却有抑扬顿挫，重复里也有起承转合。或许最初这双手没有皱纹、没有厚厚的茧，或许他的手法越来越熟练了，行刀速度越来越快了，但是，他对每一次落笔仍那样苛刻，那么缓慢，他每刻完一刀仍会细细端详。这份匠心独运是二十年、三十年甚至几代徽墨匠人也不会改变的。

就是那间昏暗的屋子，却让我心生敬意。那是一种流淌在血液里的倔强与不苟，那是一种不变的对细节的苛求，那是一种愿意用一生来追求美、缔造美的情怀，那是一种信仰，一个匠人一

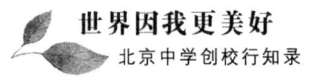

生的信仰!

我忘不了那双手,那双匠人的手。

我由此想到:一生不算太长,能把一件事做到极致,也足够了。仅此而已。

八、诗会

北京中学的教师们曾经设想,孩子们在世间的行走应该是诗意的。于是,北京中学三支研学团同时登上名山之巅,所有家长在学校公众号里见证了孩子们自己组织的三场山巅诗会同时举行。北京中学的教师们曾经设想,孩子们在中华大地上的行走应该是寻根的。于是,北京中学的学生们走到孔子的墓前,坐在杜甫的草堂,穿过西北的阳关。

行走唤醒了北京中学学生血管里流淌的中华血,名胜留下了北京中学学生心底涌出的华夏诗。

草 堂 记

李 佳

一

今逢工部茅草堂,更当赋诗随衔觞。
远见少陵草堂字,近觉茅屋古朴风。
几点苔藓漫阶石,数层冷竹掩青松。
曾书蜀相吊诸葛,终得诗圣作英名。

二

风声怒号夹秋瑟，茅屋常破为此歌。
塘坳已无三重茅，止有鱼儿戏其中。
未见堂上染云墨，无感昏黑秋月天。
唯有广厦一遗梦，方始今人追往昔。

草 堂 赋

初敏行

大道延绵，经世千年。草堂故地，名仕者于前。襟三国而带两汉，自隋唐而演宋元，文人分出，武士空前。汲巴山楚水而连两山，带青城峨眉而卷平川。来去归分，惘树依依。历贫瘠而折败，见诗圣之旧来。

青碧草堂，绿树结而成荫。灰黑茅屋，乌白交而成韵。塘涟涟而影皆绿，天绵绵而孤城闲。草庐纷纷，简朴风存。路深兮而石不转，出淤泥兮而不染。青泥透香，香追十里之芳。古树成荫，荫间隙可透光。青林翠竹，蒙珞而遮掩。浣花祠堂，莲溪而田田。

遥想子美当年，屋冷而青茅烂，布漏而期漫漫。安史内乱，何当出头之日，穷且益坚，不坠青云之志。作诗而诉多舛，书文而记心烦。豪迈度大，诗可以平慌乱。体国恤民，文可以除忧患。

呜呼！尔无甫人之贫，亦无子美之志耶。何以竞势，书以谦逊之风，何以附上，诉以报国之情。

今圣人以去，人之建此故里。若吾人而去，心在身已远离。恭书短文，书而已见，以之为记耶。

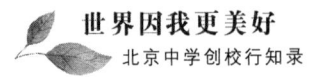

黄 山 赋

具慧瑾

小序：民间有云，黄山古名黟山，黄山之名由黄帝炼丹而来，本赋乃由此故事而成。

　　　　黄帝苦叹余生短，双鬓染霜须斑白。
　　　　尝隐黟山寻草药，凿井集露搭丹台。
　　　　配齐所需近百料，炼丹木少腿为柴。
　　　　脱胎换骨身飘逸，历尽千辛长生来。
　　　　吾怨其执飞仙道，莫是昏庸负民怀。
　　　　不顾万民携臣去，岂非如同始皇衰？
　　　　心下不定疑真伪，言中可有偏颇在？
　　　　乃缘诸事皆未毕，非惧一掊黄土埋。
　　　　土地未垦河未治，长生方能行不怠。
　　　　不畏流言冰心处，鼎立初心未曾改。
　　　　黄山续延轩辕命，继前者志后世开。
　　　　峰丈千刃群石怪，云开雾散间奇柏。
　　　　云雾缭绕倏掩目，帝王遗魂许归还。
　　　　晴雨瞬息苍穹变，阶上雨痕日下干。
　　　　前人范游风流地，后人闻叹趋向观。
　　　　千古其颜貌未褪，风华更茂盖万山。

游孔林有感

蔡尚宸

　　今天下午，我们去了曲阜三孔中的孔林，它是孔子及孔家子

成　长
——什么时候孩子就学到了？

弟的墓地，到目前为止里面有十万多个坟墓，以后还会有更多的孔家子弟安葬在这里。这其中最有名的就是孔丘子孙三代的陵墓了。

我最开始认为孔子的墓地会十分富丽堂皇，且有各种饰物和陪葬品。但是一看才知道，其实孔子和他的子孙都葬在了普通的土堆里，没有任何陪葬品，更没有任何珍稀瑰宝。这是很出乎我的意料的。

通过这次参观孔林，我体会到孔子的追求都是在精神层面上。他并不奢望物质的享乐，只是一心一意地为他的理想默默奋斗着，没有任何杂念。我想这可能也是孔子闻名世界的原因之一吧！

最后送上一首小诗，聊表自己的情感：

孔家子弟葬孔林，孔林碑文有奥秘。孔子一生为教育，下葬土堆无葬品。

醉　泰　山

张梓楠

醉

微风，

轻拂过。

蓝天白云，

亦一望无际，

与一抹红与黄。

随风飘舞雁花飞，

如梦彩蝶翩翩起舞，

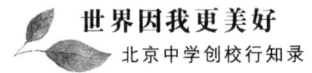

赤橙黄绿青蓝紫，
一场梦美如画。
寻帝王足迹，
巍峨泰山，
传奇迹。
悠悠
梦。

闻北中黄山诗会有感

韩子周爸爸

北中谋划育才图，西学华典融会出。
南国含情韶华远，东风有意绿叶舒。

九、安全责任

多少年以来，全国很多学校对组织春游这件事都是既爱又怕的。爱它，是因为学生确实喜欢，而且它是学生健全发展的必需；怕它，是因为老师瘦弱的肩膀真的扛不起这份沉甸甸的责任。

夏青峰说，大的事故不用谈了，有时候学生哪怕就擦伤了点皮，有些家长那不依个饶的劲头，都会让老师心灰意冷，我为什么要这样做？我不做了，还不行吗？由此而波及的是，禁止学生使用学校体育器材，单杠不能教，跳箱不用跳，都束之高阁。美术课上不许学生带剪刀，劳技课上学生不能用工具，实验不需要，长跑要取消。为什么？使用这些器材，难免会出现伤痛。出现了，学校就会麻烦一大堆。这些问题不解决，学生的体质健康、实践能力等又何从谈起？而这些问题的解决，需要行政部门与法律部门的积极作为。

其实，每次在做决定前，夏青峰都会有些犹豫，心中十分担心安全。让学生在深山老林里露营，深夜里，周围漆黑一片，只有"呼呼"的风声与不知是什么动物的鸣叫声。孩子们都睡熟了，但是夏青峰大部分时间都是清醒的："总担心旁边的树林里会蹿出什么野兽来。"

启行营地的时候，要组织学生进入陌生的社区，分别去敲陌生人家的门，夏青峰没有同意。因为担心孩子万一碰到坏人，但是他同意孩子们走上街头去采访陌生人。"3.28"活动虽然放手给孩子了，但是之前，他还是召集了陪同孩子一起活动的老师们开会，反复叮咛，放手给孩子，但必须确保安全。

孩子们的"中华文化寻根之旅"要外出一周，游历几个城市，要乘火车，坐汽车。夏青峰说："这么多人在外面这么长时间，一想到这，我的心都是悬着的。但是，为了孩子们的发展，我愿意冒这样的风险。关键是各种方案要做细，各种事情要想周全，安全重于泰山，我们必须细之又细。不能大而化之，不能自以为是，一定要分工明确，责任到人。临出发前，安全教育要不厌其烦。平时的安全教育与安全制度也要抓细抓实。我们请了警察学院的教授来给孩子们讲安全防范的报告，还常常举行安全疏散演习。"

"我相信绝大部分校长还是会顶着压力，本着自己的教育理想，按照教育的规律去做事的。我们不能怕出事就不做事了。对于北京中学来说，我们的阅历课程系列、健身课程系列、学院课

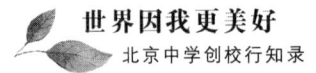

程系列等，都必须要克服心理上的畏难情绪，大胆地上学生走出去。"他说。

十、成长的感觉

包尔康自从加入足球队以来一直在失败。虽然他在场上的风格更像同学们给他起的外号"内马尔"，但他自己更喜欢梅西。这个皮肤黝黑、身材精瘦的男孩有一双很有神的眼睛，说话的时候，眼神好像一直在确认对方是否明白自己的意思。

第一年参加全区校园足球联赛，北京中学男足就被全区最强大的对手灌了 14 个球。包尔康是球队的主力前锋，在场上被对方"虐"的那种感觉尤为刻骨铭心。"我们被对方打散了，特别'菜'，攻不进，守不住，打到最后，我们队员之间差点儿吵起来。"他说，"我们是北京中学，别人打我们都特别来劲。"

耻辱的开局，带来忍辱负重的过程。"强大的对手把我们的问题都打出来了，我们就要不停突破自己的局限，弥补错误，不停地实现一个一个小目标，一直追他们。"

2017 年，北京中学男足再次成了"死敌"在全区决赛的对手。这场比赛，还是输了，0∶4，比分差距的缩小说明了双方场上的实力对比。"从 0∶14 到 0∶4，一年下来，我们第一次感觉到跟对方有的打。"

"我相信我们在朝着目标接近。总有一天，我们会代表北京中学战胜最强的对手。"这个学校物理竞赛队选手挺了挺胸脯说，"人要有自己的精神所向。"

排球社的发起人之一周星羽说，到北京中学之后，很多时候都能感觉到成长，要说感觉最清晰的一次是在一个午休。

学校举行运动会时，班级有两个 800 米跑名额，班主任在午休期间到班上征集报名。一片寂静之中，周星羽举起了手。"当时感觉心里有两个小人在打架，勇敢的那个赢了。"后来，这个临时充数的选手，竟然拿到了年级第三。

这个勇敢的羞涩女生说话之前常常会想一会儿，她说："在学校，我做了很多原来以为自己办不到的事情。"

她和沈柳含一起发起成立了排球社团，向学校提交申请，做PPT，做答辩方案。一次答辩不通过，再努力第二次。将近 20 人的社团终于成立的时候，她第一次体会到什么叫心想事成。

"上学期军训，体验极限挑战。跳泥潭、翻轮胎、夜间负重徒步。登山包有 20 斤重，我们在夜里走了 13 千米，其间还好几次发起突袭。"周星羽说，"我从来没有想过我能走下来。"

"那天班主任征集 800 米跑报名的时候，全班一片寂静。我都能听见自己的心跳声。在害怕的那个小人之外，我心里突然跳出另一个小人，告诉我要克服恐惧，跳出自己的舒适区。"

"那天我跑过终点，同学们上来抱住我，夸我，我真的感觉到了成长，心里那感觉，就像打破了一道障壁，眼前豁然开朗。"

计算机、大脑与汗水

张 简

这一届国际数学建模挑战赛（International Mathematics Modeling Challenge，IMMC）是我参加的第二次建模比赛了，相比于上一次，经验更多、分析问题更熟练、写论文更规范了。这一次与上一次不同的是，我们并没有整体地分析这个建模问题，而是直接进行了自主选择。但是与上一次相同的是，我们都选择了不常见的那个问题。我们选择交通枢纽这个建模问题的最大原因就是：我们更加有自己的思路，而不是借鉴前人的东西。

在这次比赛中，我收获的东西主要在两方面：知识与工具方面的收获，在精神层面的收获。这一次我们运用了很多软件来帮助我们解决这个复杂的问题，很多时候软件的力量是很伟大的，在计算机的面前，我第一次感觉人类的力量是这样的"舒缓"，很多时候软件能帮助我们表达我们想表达的东西，这一点是这次比赛中我的一个很大的亮点，它让我学会更好地运用工具、解决问题。

同样，在这次比赛中，本来不怎么会编程的我，在强大的压力下从一个只会几个基本语句的人一跃成为一个能与同伴们一同完成编程工作的人，在短短几天时间里，人经常能发现自己的潜力有多大，也因为这次比赛，我在逻辑方面有了很大的提升，或许就体现在对论文不停地修改与整合中吧！

但在这个过程中，我也发现了比赛外的一些事情。有的时候当我们需要计算或应用程序的时候，发现很多东西其实是现有的软件所不能达到的，也许是我们没找到最合适的软件，但是往往在思考后，我同样认为我们人类的智慧是计算机无法比拟的，这也就是为什么有这样一个比赛，有不断冒出来的需要人类来突破、超越的问题，也就是为什么有"数学建模"。

这几天中，所有人的心都在同一条战线上，我们在几十个小时里，因为意见不同、进度不同而争执得谁也不想理谁，也因为任务繁重、难以攻克而变得烦躁不堪。不过不得不说，团结的力量是巨大的，因为耐心辅导我们的老师、咬牙含泪坚持到最后的我们、这个不错的机会，每个人，都变得更好了。

或许就是计算机、大脑与汗水，构成了一个数学。就算最后没有获得什么奖，也会心满意足的。

十一、荣誉

李翰云的微信中有一组对美国高中篮球队的调查报告，这是他去美国圣地亚哥研学期间跟踪采访两所美国高中篮球队后写下的。李翰云的理想是成为一名体育记者或者体育解说员，这份研究报告是他尝试向理想接近的一步。

"我去考察的美国高中离驻地不近，开车去要一个半小时。每次我去，都是随队的两位老师轮流接送。"对老师们的默默支持，李翰云觉得很自然，"可能因为刚建校的时候，学校里人比较少，老师和同学关系很亲近。很多时候，有些同学放学了不愿意走，有些同学周末也想来。整个学校里有一种温暖的家的感觉。"

"每个人组成了这个集体，每个人都与这个集体有关，这让大家对北京中学这四个字都特别有感情。"

作为学校篮球队的队长，李翰云和队友们经常出去比赛。第一年，他们出去参赛，两场球一共得了19分。第二年，他们去秦皇岛比赛，七八场球下来，每场平均输30多分。"输赢是水平问题，回来后大家再一起总结，战术的问题找教练，身体的问题自己加练。"他说，"一上场，只要看见我们的校徽，大家的斗志就

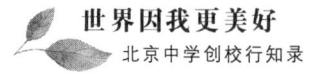

会燃起来。输,也要竭尽全力,这是态度问题。"

随着时间的推移,大量新生的到来很快让已经习惯空旷校园的老生们感到空间被挤占。渐渐地,篮球场、足球场上的新、老生冲突有了萌芽的兆头。看到这种状况,李翰云找到新生班级,建议组织一场新生和老生的篮球赛。这场比赛开展得很成功,赛场上热烈的氛围冲淡了新、老生之间的陌生感。随后,大家约定,协商一个时间表,轮流使用场地。一场可能爆发的冲突就此烟消云散。

李翰云说:"身为北京中学一员,做这件事,就是出于一种荣誉感。"

放　　手
——家长们的焦虑如何面对？

　　一所学校从有了第一批学生的那一刻起，就有了第一批家长的关注。连学校还没有就招生的北京中学得到的家长关注更多。

　　"2013年还没开学，有几个家长天天来学校工地看，着急了就扒着围栏问老师，这学校能开学吗？"

　　"学校如期开学了，给每个家长发放了门禁卡，有一些家长天天来学校听课，直到自家孩子受不了了，说你别来了。"

　　校长助理张东松说起5年来家长们对学校的关注，很多感受都是亲历。对于北京中学这样的改革校、实验校，家长们的关注里还有一层更实际的担忧。"既然是实验，就会有代价，孩子们不会成为实验的牺牲品吧？"

　　2014年5月，任炜东作为中国代表团成员出席在美国旧金山举行的全球教育领导者大会。美国得克萨斯州的一名教育官员听完任炜东介绍北京中学教育改革的探索后，问了一个问题："国家有课程体系，你们怎么证明改革实验是有效的？"

　　当时，任炜东给了这个美国同行专业的回答。比如，北京中学会接受市、区两级教研员阶段性的测评；北京中学会组织学生在各类竞赛中与同龄人在一个平台上比较；北京中学正在研制学

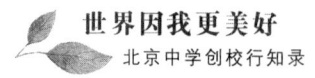

科大题库,将来可以区分不同难度系数下学生的成绩。

"但这个问题一直堵在我心里,已经纠结了四年了。"任炜东说,"我们可以列举一系列成绩,比如高一学科竞赛,我们拿了3个全区第一。我们的辩论队在和高中、大学的队伍辩论时,胜多负少。我们初二年级的学生参加中考,成绩已经在全区上游……但我们需要关键事件来验证我们的改革成效。"

夏青峰说:"真理永远处于黑箱之中,所有黑暗中的摸索,可能是对的,也可能是错的。我们能确定的只是永远保持那颗为了孩子们不畏艰难的求索之心。"

一、"折腾"教师

长期分管北京基础教育工作的市教育委员会副主任李奕说,走进北京很多学校,都能看到一节或者几节完美的课。完美的课堂组织、完美的教师状态和完美的学生状态,但那样的课都是在实验室环境中的课。天时、地利、人和的条件都给足了,才达到了一种看上去完美的状态。如果孩子的学习状态有起伏呢?如果课堂上发生了没有事先预知的新情况呢?完美的课堂很容易就不复存在了。所以,这样的公开课有专业示范价值,但对学生的常态教学意义是有限的,毕竟,将课堂置于实验室环境之下又能持续多久呢?

"改革是折腾教师,不是折腾孩子。"地理特级教师刘树宏说,"夏校长在全校教师大会上说过这句话。"

无论什么时候走进北京中学的课堂,学生们的状态常常都是很好的。在这里，学生们可以选择自己的导师，选择想上的课程，选择某一个学科学习的方式。在课堂上，他们天马行空的思维会得到重视，他们的疑问会被认真对待。

学生们可选择，学校必须提供选择；学生们被重视，教师必须重视。在家长们看不到的地方，北京中学教师们的工作量都是极大的。

教授书法的李明这几年成了微视频课程录制的老师傅；课程中心副主任林琳成了观鸟社团学生获得市级奖项的科研论文的指导教师；政治特级教师范小江这5年写下了300多万字的教育观察……

时任朝阳区教育委员会主任孙其军说："改革，不少学校只是做一节课，而在北京中学，改革是教学的常态。这是需要学校全系统整体变革的。时间证明，北京中学实行的自主课程打破了知识固有格局，帮助学生形成自主创造和自由发挥的能力。这种基于个人兴趣解决实际问题的学习，绝不让一个孩子掉队，实际上所有学生学得也更深，收获也更大。"

二、iPad 战争

任志强总被学生称为"任总"，因为从第一批 iPad 进入北京中学以来，身为信息学科教师的任志强就是所有这些 iPad 设备的总管。2013 年，首批 80 名学生入校后，都从学校借用一台 iPad。

孙其军说："信息化是教育面向未来必须突破的方向。朝阳区寄望北京中学试点的不只是学生在一所学校里的信息化学习，还

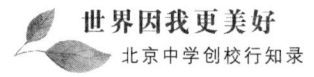

包括可以在更广泛范围内推广的可以打破时空限制的信息化教育模式。我们相信，打破城乡差异，促进区域教育优质均衡，教育信息化一定大有可为。"

"5 年来，围绕这台 iPad，老师、学生和家长之间的较量从来没有停过，这项改革实验也从来没有停过。"任志强说。

（一）新鲜的 iPad

在北京中学全校普及使用 iPad 之前，北京市范围内由市级教研部门组织实施的 iPad 辅助教学改革实验已经进行了 5 年，海淀区、东城区和朝阳区都有试点学校参与了这项实验，各校对 iPad 辅助教学探索的重点集中于课堂教学组织和丰富课堂教学内容。

iPad 引入课堂首先改变了教师的课堂组织形式。比如，传统课堂上，当教师提问后，一般只能以点名回答的形式检查学生的学习成果。iPad 引入课堂后，课堂上的每一名学生都可以在 iPad 上提交答案，而教师在 iPad 上几乎可以实时了解每一名学生的问题掌握情况，从而迅速发现特定学生课堂学习的不足，并对授课内容及时做出相应调整。

iPad 的多媒体特性也为教师丰富课堂内容提供了很好的平台。利用 iPad，教师可以将课本中固定的图文，转变为链接了大量延伸内容，并综合了视频、音频、图文以及 APP 工具的互动性极强的数字教材。不过，所有这些以前的实验，都把 iPad 的运用限制在课堂上。

根据北京中学的学生统计，绝大多数学生拥有电脑（96%），其次为智能手机（91.33%）和平板电脑（70.67%）。北京中学一开学，不仅允许每名学生都使用 iPad，而且允许学生把 iPad 带进宿舍，并且为这些 iPad 都开通了校园无线网络。

任志强说："北京中学最初的设想是信息化设备不仅要在课堂上运用，还要成为学生课前课后自主学习的必备工具，因此，必须在校园中为孩子们创设一种全时在线的信息化环境。"

对于这样的信息环境，孩子们是最兴奋的。一段时间下来，北京中学校园里学生上课或者课下拿着一台 iPad，成为到北京中学参观交流的国内外同行印象深刻的校园一景。

教师们也是兴奋的，因为 iPad 的运用为教学带来了更多可能。语文教师王守英发现，iPad 可以很好地激发了学生对语文学科的兴趣。课前 3 分钟，只要利用一款网络上流行的"成语连连猜"软件，就可以轻轻松松让全班学生不经意间记住 20 个成语。书法教师李明与专业软件开发团队合作，研究以数字教材结合云端书柜，形成以学生为主，可无所不在随时进行的"自我导向式学习"模式，这一设计思路甚至启发了一款商业书法学习软件的开发。

只有家长们一直是将信将疑的。"5 年来，相比孩子们对 iPad 的逐渐适应，家长们的'iPad 焦虑'时常周期性地爆发，我觉得这是因为很多家长从心底里不认同 iPad 是学习工具。大人们都是拿纸笔当工具学习过来的，不用笔在纸上写字，不拿着书本阅读，怎么叫学习呢？"夏青峰说。

"很多家长知道 iPad 联结着无穷的世界，孩子对着 iPad 的时候，他真的在学习吗？是在浏览乱七八糟的网站，还是在打游戏？自己又不好意思检查，所以就在旁边干着急。最后就是孩子用 iPad 多长时间，家长就在那难受了多长时间。"

确实，家长们担忧的一些问题是现实存在的。新鲜的 iPad 显然很容易吸引孩子们的注意，一些家长发现，如果不加监督，孩子们使用 iPad 的时间就会变得越来越长，不仅对视力不利，对孩子的身心健康也不利。

任志强说："学生们会不会用 iPad 打游戏，不用问，一定有。即便学校后来在所有 iPad 上都安装了管理系统，但依然有学生高手可以突破限制。"

"更多学生长时间停留在 iPad 上的原因确实是学习。各学科教师都通过 iPad 布置任务，最后都集中到学生身上，任务就有些重了。还有一些孩子做事认真，总是追求完美，停留在 iPad 上的时间不知不觉就延长了不少。"他说。

5 年来，针对 iPad 使用，北京中学陆续完善了一系列管理措施。学生使用 iPad 的时间有了指导意见，提倡学生在课内外只在需要的时候打开 iPad。校园网络的开放时间也有了限制，晚上 10 点以后，校园网络就会断开。可在 iPad 上使用的软件也有了范围，学校在所有 iPad 上安装了管理系统，只有师生商定的与学习相关的软件才能启动。

"一禁了之最简单，但这从来不是我们的选项。"夏青峰说，"时代的变革往往是因为工具的变革。数字时代的到来，已经不可阻挡地引起了人们学习方式、学习内容的普遍变革。这是一个大趋势，在面对新工具的出现的时候，我们往往很纠结，既想尝试新的，又怕失去旧的。但是，新的终究会替代老的。不管你愿意不愿意。"

"现在世界很多地方，已经将这一代的孩子们称为'滑时代的孩子'了。不断地用手指滑动，就是他们很重要的学习方式和工作方式。实际上，国外很多学校，老师已经不需要用 iPad，而是戴上谷歌眼镜就进行教学了。国外有些学校的图书馆，书架上已经不是放置纸质图书，而是代之以 iPad，海量的信息就存在 iPad 里。我们必须看到趋势，看到未来，看到将来这些孩子长大以后究竟什么才是最重要的'工具'。我们不能总停留在过去的时代，停留在大人们自己的经验上，我们要让孩子们更好地适应将来，就必须让孩子们早些运用未来的工具。我们必须让自己更加开放，放下纠结，相信孩子，相信未来。"

用 iPad 学习还是玩游戏？坐在校门口等家长的沈柳含听到这个问题的时候笑了，"这是我们所有人都遇到过的问题吧！"她说，"或早或晚，大家都会适应手边有 iPad 的情况。"

"我属于快的，大概过了两个多月吧，基本就是需要用的时候才会想到 iPad。最慢的，有些男生可能经过了两年多，也就适应了。"

（二）iPad 上的未来竞争

相比是否使用 iPad 问题在家长、学校之间的拉锯，能否在 iPad 打开的信息化教育空间里赢得关于未来的竞争，显然是一个更具有教育研究价值的大课题。

孙其军说，从小规模实验教学阶段开始，北京中学教育的实施方式就特别强化线上线下融合，这不仅是为了提升学生的信息化素养。从教育科学发展本身的逻辑出发，通过线上线下融合的教育平台，实践最新的教育理念，可以同时解决教育的针对性和科学性问题。

5 年来，以 iPad 为平台，北京中学各科教师开发了一系列数

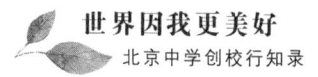

字化课程。这些数字化课程包括补充教材的大量微课,就学生普遍问题的在线答疑,以及供学生参考的学习资源库等。

在北京中学,数字课程开发不限于教师,学生也可以根据学习单元主题,将搜集来的资料分类、筛选、整理变成自己理解的思维导图,用简单明了的方式录成几分钟的微课。这种"同人课程"往往因为更加契合学生的思维特点而特别受到班上同学们的欢迎。

iPad 同样深刻改变了北京中学的课堂。北京中学的语文课堂,在每个主题单元下,教师主讲一篇课文后,学生们会通过 iPad 实时推送,进行个人或小组合作的"群文阅读",把大家搜集到的相同主题下的大量文章引入课堂。利用 iPad 的随时记录和传输功能,教师们把课堂拓展到了学生们的生活空间。引导学生打破学科界限进行微课题的研究,比如"北京中学小菜园生态链的研究"。

在北京中学的英语课堂上,学生们会运用教师推荐的 APP 软件合作学习,创建共享学习空间。英语教师吴玥说,学生通过有趣的 APP 接触以动画或故事呈现的语言,兴趣明显提升;同时,iPad 还将学生的英语学习从课堂延伸到课前课后,让所有学生随时都可以进行小组合作与分享。

在北京中学的数学课堂上,当学生学习遇到困难时,教师会利用数字化工具和数字化课程提供支持,帮助学生将学习引向深入。数学教师高浩说,学校要求教师预判学生在哪些知识点的学习上可能出现困难,针对性地研发一些支撑性工具,比如提前录制好微视频放入学习资源库。这样当学生自修遇到困难时,就会主动在学习资源库中找到他们需要的帮助,而教师通过后台记录也可以实时掌握学生在学习资源网上的学习情况。

在副校长周慧通过中华优秀传统文化电子读本开发与实验的专题研究中，运用 iPad 学习传统文化的学生相比传统教学情境下的学生获得了更大的提高。对比实验结果表明，实验组的学生不仅具有对传统文化更好的感受力和理解力，而且对传统文化的兴趣也更高，学习效率和自主学习能力也更强。

"对一篇书法名作和国画名作的理解，iPad 教学实验组的学生们更能从笔法、意境等更高的理解层次去解读，而对照组的学生更多使用的是'好看'这样的评论。"

周慧说："75%的学生家里拥有 iPad，为传统文化电子读本学习提供了更多的机会，在接触传统文化的途径上，现在的孩子们更倾向于使用 iPad 等交互性电子媒体，这证明基于 iPad 为代表的信息技术与传统文化学科教学的整合是必要的，也是可行的。"

她说，学生最喜欢的传统文化教学方式是使用 iPad 等可自主选择内容的互动电子媒体，可见学生对于电子读本的使用有更多的期待和情感偏向。从教师们在一线的教学反馈看，iPad 教学能够更好地激发学生的学习兴趣，有助于促进学生的自主学习，促进学生对学习内容的理解，让课堂更加丰富有趣。未来，将电子读本与动手实践、音频、视频、图片、实物等直观的教学方式相结合的教学方式，必定会符合学生的期待，引起学生更大的学习兴趣，取得更显著的教学效果。

三、减负

现实中，很多教师都有一个困惑。谈到学生负担，家长和教师们谈的好像不是一件事，这让家长与学校之间对学生减负的问题很难达成一致意见。

北京中学的家长都是认同"让学生全面而自由的成长"理念的。但即便如此，一次平时的英语字词小测，孩子们没有拿到高分，家长们的情绪都会产生不小的波动。

夏青峰说："家长们的考试敏感源于习惯横向比较的惯性思维。一次考试结果出来了，总要看一下孩子在全班在全年级处于什么位置。其实，只要是考试，就必定有第一名，也必定有最后一名。谁都愿意做前面的，谁都不愿意做后面的。但每个人的基础和特长毕竟不一样。有人擅长这个，有人擅长那个，样样都要跑到别人前面，那样的人生是艰难的，因为太苦太累了，也一定不会幸福。"

相比之下，北京中学首批学生的家长们内心是最为焦灼的。他们没有学校以往办学成绩作为参照，所有的信心只能源于当下。因此，家长们对学校的关注也尤其多，学校任何一点风吹草动放到家长微信群里，都能引起大家的热烈关注。

把首批学生入校时的照片和第二学期孩子们返校时的照片放在一起，一个最直观的感受是，孩子们脸上的笑容多了。

就是这样的笑容也同样会引起家长们的担忧。孩子们这么快乐，考试真的没有问题吗？以至于每当学校召开起始年级家长座谈会和学生座谈会之后，两个有趣的现象总是会如期出现。学生们对自主空间和学科免修都感觉不够，需要更大的空间，他们迫切地向老师们表达："相信我，我行的，我已经长大了。"而家长们则普遍担心："我家孩子的能力还没到这个层次，他们暂时还不行，要慢慢来，等他们稍微长大点再做也不迟。"

放 手
——家长们的焦虑如何面对？

北京中学的一个学生家长就是家教方面的专家，她曾经跟大家分享过一个"V"字形教育理论：在孩子们很小的时候，就要给他们提供选择的空间和机会，只不过孩子小，选择空间也只能是很小的。就像"V"字的底部。随着孩子一天天长大，孩子们所拥有的选择空间应该要越来越大，如同"V"字的中上部。可是，现实中，我们的家庭教育却往往是倒"V"字形。小的时候，孩子们拥有很大的选择空间，要什么有什么，就像倒"V"字的底部。可是孩子一天天长大了，家长们的心思就一天天紧张起来，就会慢慢收缩孩子们的选择空间，就像倒"V"字形的顶部。而在大人们收紧选择空间的过程里，孩子们的心情会越来越压抑。显然，孩子们需要"V"字形教育，而不是倒"V"字形教育。

对这些问题，北京中学的老师们态度很坚定。促进学生全面而自由的成长，这个方向认定了，就一定要给孩子们自由的时空，没有自由，何谈责任，何谈创新，何谈发展。

其实，北京中学的学生们是很忙的，但很多学生却非常喜欢去学校。这里有为每一个小小的兴趣随时打开的专业教室，有愿意陪他们在实验室待到深夜的老师，也有愿意随时被打扰的班主任。

夏青峰说，学习一定是孩子们自己的事情。只有主动学习了，真正的学习才会发生。学习的一切奥妙，都在于孩子们的自主，而核心的问题是：孩子们如何才能自主？

自主的前提当然是大人们的放手，但放手只是大人们要做的第一步。夏青峰说，之后需要做的是厘清学生、家长和教师不同的责任，大家各司其职，一起帮助学生确定目标，分解任务，鼓励信心，激发兴趣。学校和家长需要合作建立并完善一种自主学

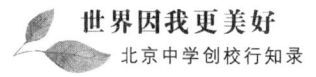
世界因我更美好
北京中学创校行知录

习的机制，尤其是对每天任务完成的检查与奖惩机制。教师和家长们的功力在于，是否能够帮助学生每天自己主动地去完成任务。

他说，在孩子成长的过程中，教师与家长都要学会退后一步，把关键的空间留给孩子。放手，这一步是最难的，也是最重要的。要鼓励孩子全面发展，包括情商、社交能力、自我的实现、不断地创新。孩子们将来会面临全球竞争，要让孩子们在自信中变成一个有趣的人、可以对话与合作的人、有着特殊才华的人。要相信成功的道路有很多条，要让孩子在信任自己的同时也信任别人，在帮助别人的同时也能够从别人那里获得帮助。

在提供课程选择的时候，不是老师一定要多么专业，而是要信任学生可以在教师指导下，自己能学到更多。孩子们的各种技能是在实践与研究中自然而然产生的，要努力地让学生在真实的社会和真实的情景中学习与研究。学生获得自我管理的机会越多，孩子的问题就会越少，学校所需要的校规也就越少。

当孩子们一个个往前冲，老师和家长在后面追的时候，就是孩子们学习进入最佳状态的时候。

"如果孩子们是一颗颗种子，北京中学就是他们最享受的沃土；如果孩子们是一条条跃向龙门的鱼，北京中学就是一片宽阔有浪的渔场。"夏青峰说，"5年来，我们所做的所有工作，无非是怀着一颗爱心，守候在孩子们的身边。"

北京中学在守候。静，待花开。

后 记
找 寻 微 光

"确定吗？"来自社会和家长的每一次追问，都会将教师推回到不确定的"黑暗"之中。未来还没有来，眼前的这一步却一定要走。"确定吗？"

北京中学的教师队伍很"另类"。这些教师里，很多人已经功成名就了。书记、副书记、副校长，那些教师们到北京中学之前放弃的身份，都让人们好奇，在这些教师们的心里，一名教师的价值应该如何衡量。

明明照本宣科照方抓药，就可以让学生金榜题名，为什么要重新编制学材，重新结构学习，重新结构学科，重新结构学校？明明一条规定就可以换来秩序，为什么要邀请批评、倾听不同、不断地妥协与坚持？

未来，还没有来。怎么确定呢？夏青峰说："规律都是在黑箱子里的，我们想办法去寻找，可能找对了，也可能找错了，心情很复杂。"国内外同行专业的质疑，家长们不断的焦虑，像根刺卡在嗓子眼，像块石头堵在心窝，像团云罩在头顶，时时刻刻让教师们在确定与不确定之间来回。答案，一定不是一个，也不是两个，也不是三个……

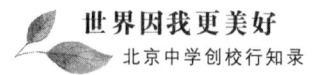

在所有采访即将完成的时候，笔者问了夏青峰一个特别的问题："你的睡眠怎么样？"夏青峰笑着说："我的睡眠一直很好，沾枕头就着。"

这应当是那个可以让很多家长与关注北京中学的同行放下心来的答案。"教育是一个慢工夫，很多问题不是立刻就能解决的。这么多年，我有一个心理建设，告诉自己每天会碰到 6 件非常棘手的事情，这样，只要每天棘手的事情少于 6 件，我就很开心。天天万事如意是不可能的，问题是孩子成长的台阶，我们不能被问题牵着走，虽然每天需要做的事情很多，但我们的内心总是静的。"他说。

施剑松

2018 年 11 月 30 日